OITO DÉCADAS E UMA VIDA DE SUCESSO

IVONE LOPES

OITO DÉCADAS E UMA VIDA DE SUCESSO

INSÍGNIA

COORDENAÇÃO EDITORIAL: Felipe Colbert

REVISÃO: Eliana Moura Mattos

DESIGN & PRODUÇÃO: Equipe Insígnia

ILUSTRAÇÕES DAS CAPAS: Freepik

Este livro segue as regras da Nova Ortografia da Língua Portuguesa.

Publicado por Insígnia Editorial
www.insigniaeditorial.com.br
Instagram: @insigniaeditorial
Facebook: facebook.com/insigniaeditorial
E-mail: contato@insigniaeditorial.com.br

Impresso no Brasil.

Dados Internacionais de Catalogação na Publicação (CIP)
(Câmara Brasileira do Livro, SP, Brasil)

Lopes, Ivone
Oito décadas e uma vida de sucesso / Ivone Lopes. -- São Paulo : Insígnia Editorial, 2021.

ISBN 978-65-994042-3-8

1. Conduta de vida 2. Desenvolvimento pessoal 3. Desenvolvimento profissional 4. Empreendedorismo 5. Histórias de vida 6. Inovação 7. Lopes, Ivone 8. Resiliência 9. Sucesso I. Título.

21-65585 CDD-920.72

Índices para catálogo sistemático:

1. Sucesso : Mulheres : Relatos pessoais 920.72

Cibele Maria Dias - Bibliotecária - CRB-8/9427

Dedico este livro à minha família. Filhos, netos, bisnetos, esposo, irmãos, sobrinhos — toda a extensa linhagem da minha parte e da parte do meu marido. Vocês são muito importantes para mim.

Agradecimentos

Primeiro, agradeço a Deus pela chance de evoluir para ser uma pessoa melhor, com todas as oportunidades que surgiram e que me ajudaram a trilhar uma boa jornada.

Agradeço também a todas as pessoas que passaram pela minha vida. É graças a elas que pude lapidar minha conduta, transformando-me e evoluindo.

SUMÁRIO

PREFÁCIO

Por Alfredo Rocha

Em mais de trinta anos como palestrante corporativo, conheci centenas de empresas, conversei com milhares de pessoas, aprendi muito sobre liderança com meus clientes e, assim, compreendi que o tamanho de uma empresa não está no seu faturamento ou no número de funcionários: ele está relacionado à mentalidade dos seus dirigentes.

A tecnologia está presente por todo canto. Dominamos a inteligência artificial, a robótica, a automação. As empresas se adaptaram a essa nova realidade. Mas, sem dúvida, tudo que é construído no mundo ainda é feito em função dos mais de 7 bilhões de seres humanos que nele habitam. Enquanto existirmos, o relacionamento, a liderança e a gestão de pessoas serão três fatores decisivos para determinar o sucesso.

No início dos anos 2000, em uma palestra que realizei na Couromoda — Feira Internacional de Calçados, Artigos Esportivos e Artefatos —, tive o primeiro contato com o sócio e filho da Ivone Lopes, Julinho, e, mais tarde, com a própria empreendedora. Imediatamente a reconheci como uma líder em seu segmento. Firmeza e ternura colocadas na medida certa, e, mais do que isso, uma profunda preocupação com a gestão de seus funcionários. Com o passar do tempo, criamos uma amizade que perdura até hoje; por causa disso, posso dizer que me sinto bastante honrado por ter sido convidado a escrever este prefácio.

Posteriormente, em um dos muitos instantes em que estivemos juntos, convidei Ivone para uma palestra no Teatro Imprensa, em São Paulo, no ano de 2008. Lembro que, antes de a chamar ao palco, referenciei sua empresa, dizendo que era um exemplo de inovação no mercado, muito por conta das ideias dessa mulher que esteve à frente de um negócio de sucesso, que leva seu próprio nome, por mais de 45 anos. Uma inovação aplicada na prática, no dia a dia. Retornei após o seu discurso, com o microfone em mãos, atestando que conheci de perto a emoção dos funcionários que foram liderados por ela, e como eu havia percebido a felicidade que eles tinham por trabalhar ao lado desta empresária.

Ivone teve ideias à frente do seu tempo; acima de tudo, enquanto esteve presidindo seu negócio, foi uma grande gestora de pessoas. Ela se preocupou em cuidar bem de sua equipe, criou uma relação humana com cada colaborador e abriu espaço para que evoluíssem dentro da sua companhia. Eles se tornaram produtivos, comprometidos, e isso é liderança pura. Ela sabe, por exemplo, que toda a administração pessoal reflete na administração de outros recursos dentro da empresa, e executou isso na prática.

Seus resultados impressionam. Conheci líderes extremamente capacitados, mas que não alcançaram o mesmo que ela com sua empresa. Ter uma boa liderança não significa exigir demais de um funcionário, nem passar a mão na cabeça em situação de erros, pois evoluímos exatamente quando somos postos a assumir desafios e corrigir nossas falhas. Ivone soube cobrar de cada um para extrair o melhor dessas pessoas, possibilitando o desenvolvimento em grupo, a prosperidade e a solidez do seu negócio por décadas.

Algo típico no comportamento dos grandes líderes é a gratidão, e sempre percebi isso na Ivone. Gratidão pelos funcionários, pelos clientes, pela vida, ou seja, por tudo que a cerca. Essa é uma característica que deveria ser comum entre os líderes, mas poucos dedicam seu tempo para contar e aplicar essa qualidade tão bem.

Você, que busca uma vida boa, mais feliz e próspera, vai encontrar, nesta obra, valiosas lições. Ivone Lopes é alguém que aplicou pessoalmente os conselhos que ela traz neste livro. São lições simples, porém aprofundadas de empreendedorismo, liderança e, consequentemente, de sucesso.

Alfredo Rocha
Palestrante e autor

INTRODUÇÃO

Tenho, como uma das minhas premissas, a motivação de contribuir para o crescimento das pessoas. Quando compartilhamos o que aprendemos na vida, ajudamos os outros em seu processo evolutivo. O próximo não precisa, em sua jornada, passar pelas mesmas dores e dificuldades pelas quais passamos. Ainda que possa vir a acontecer, entendo que o conhecimento é a base da experiência; basta procurar ou assimilar a informação de alguém mais vivido, que não se levará tanto tempo assim para pular um obstáculo.

Já dizem os sábios: nossa principal função aqui na Terra é nos aperfeiçoar como seres humanos. A vida nos oferece inúmeras oportunidades de aprendizado e, na mesma proporção, maneiras de compartilhá-lo com os outros. Uma trajetória de anos e anos se apresenta como um passeio na montanha-russa: tem altos e baixos, perdemos o fôlego, vem o frio na barriga e o medo em alguns momentos, mas também vêm risos, alegrias e sensação de liberdade. Tudo isso compõe o sentimento de vitória quando suplantamos os desafios.

Após viver mais de oito décadas de vida, afirmo que a vida vale mesmo a pena ser vivida. Os cacos em que pisamos ficam para trás, as fases de dor são superadas, e o que sobra é um ser humano mais completo, mais forte, amoroso, ou seja, uma pessoa melhor.

Mas nada do que eu disse até aqui é fácil. Existem provações físicas nas quais os limites do nosso corpo são testados. Alguns nascem com essas limitações, outros as adquirem durante seu percurso, mas todos precisam aprender a jogar com as cartas que a vida dá e a criar o próprio jogo em busca da felicidade.

Temos também nossas provações emocionais. Não existe trajetória sem priorizar os relacionamentos. As pessoas que nos cercam mudam a nossa essência. Realizamos a maioria das tarefas tendo-as como motivo ou o fazemos para estar com elas. Ainda assim, a convivência com o próximo não é tão simples de ser alcançada, pois com certeza existirão conflitos de interesses entre uma pessoa e seu grupo. Essas provações se estendem aos relacionamentos com nossos pares, filhos, colegas de trabalho, vizinhos. O nosso contato diário com eles é o fundamental para alcançar sucesso pessoal ou profissional.

Provações financeiras são outra constante na vida humana. Para nós, brasileiros que vivemos em um país sempre em desenvolvimento, a estabilidade econômica da maioria da população é algo como se equilibrar em uma corda bamba. Superar a barreira da pouca renda em uma nação como a nossa não é uma tarefa fácil. É preciso muito esforço e dedicação, além do uso de métodos corretos na forma de conduzir a vida — podemos nos espelhar em quem já conquistou resultados em nossa área de interesse.

Como a maioria dos brasileiros, nasci em berço simples e não me casei com uma pessoa de posses. Conquistei meu equilíbrio financeiro através de muito trabalho, dedicação e força de vontade. Vejo também muitas pessoas que penam para alcançar essa estabilidade, especialmente os pequenos empresários. É por isso que defendo a importância de dividir nossos aprendizados com os demais. As aflições pelas quais passamos na busca por encontrar saídas para os obstáculos de uma carreira não precisam ser replicadas nas aflições dos demais. A transmissão da boa informação precisa ser urgente. Podemos e devemos compartilhar o que funcionou para nós, para que o outro deixe sua dificuldade mais rapidamente e com menos sofrimento do que nos foi preciso suportar.

Assim como todos, tive que superar questões com meu marido, meus pais, irmãos, filhos, colaboradores e sócios que tenho e tive. Imagine isso em décadas e décadas. Porém, precisei também saber separar o lado profissional do pessoal, ou não teria sucesso em nenhuma das duas áreas. E sempre respeitando as diferenças.

Quando achei que curtiria minha aposentadoria tranquila, chegou 2020. Foi um ano de muitas provações. Vinha de uma cirurgia que limitava meus movimentos, e então, o mundo todo se viu afligido por uma pandemia. Para a preservação da minha saúde, foi necessário aguardar em quarentena até uma vacina ser desenvolvida. Era mais um daqueles momentos de baixa na montanha-russa que citei anteriormente. Não podia receber, na minha casa ou no hospital, as pessoas que amo.

Sempre fui muito ativa e sinto vibrar essa necessidade de estar com eles e de transmitir meus conselhos. O choque de ver sendo tirada de mim essa oportunidade foi gigantesco, mas não permiti que o isolamento social me abatesse por muito tempo. Não caí em depressão; não me deixei ser levada por emoções negativas.

Eu me apeguei às coisas que guardo aqui dentro. E foi assim, durante esse período difícil, que fortaleci meu objetivo de trazer uma parte da minha história às páginas escritas, desejando que você, leitor, consiga extrair delas algo que lhe ajude em sua caminhada pessoal ou empresarial. Portanto, esta obra é a melhor forma que encontrei para perpetuar meu conhecimento, mesmo quando estamos distantes um do outro.

Desejo que tudo que escrevi impacte positivamente a sua história, a dos seus familiares e amigos e a dos seus filhos e netos. Um livro é uma maneira de permitir que muitas gerações futuras continuem a se beneficiar de determinado conteúdo, pois o compreendo como algo atemporal. A linguagem que empreguei aqui foi a mais objetiva que me deixei realizar, para continuar me comunicando, por muitos e muitos anos, com aqueles que sentirem vontade de ler minhas palavras.

Contudo, saiba que não venho aqui vender nenhuma "fórmula mágica" para o sucesso. Venho, de coração aberto, expor as práticas que exercitei ao longo dos meus oitenta anos. Selecionei alguns hábitos nos quais acredito ou que adaptei, e que julgo serem os mais relevantes na construção da minha visão de mundo: ter foco em se sentir bem, coragem para lutar pelo que deseja, aceitar as coisas como elas se apresentam, ter autenticidade e capacidade de agir. Esses hábitos são, por consequência, responsáveis por eu estar aqui neste exato momento.

Ao longo dos próximos capítulos, você conhecerá parte dessa minha história. São desafios, superações, limites, sonhos e a forma como meu modo de pensar e agir me fez e ainda me faz seguir adiante, suplantando obstáculos financeiros, familiares, profissionais e de saúde.

É o mesmo que desejo a você.

CAPÍTULO 1

Ponto de partida

Em 2020, o ano em que ficamos presos em nossas casas, completei oito décadas de vida. Foram oitenta anos bem consistentes, com muitos estudos e conquistas. Durante esse período de isolamento, comecei a fazer uma avaliação da minha trajetória empresarial, recorrendo à minha memória. Fundei minha empresa, *Plásticos Ivone*, em 1970, e permaneci nela até 2015, quando decidi me afastar, visando à aposentadoria.

Empreendi também no ramo de treinamentos e montei uma instituição sem fins lucrativos — *Consciência e Vida* — no ano de 2010, para ajudar outras pessoas a encontrar motivação e sentido de vida e, assim, superar as próprias dificuldades. Mas, sobre esses dois assuntos, falarei mais à frente.

Sou mãe de quatro filhos, avó de dez netos e três vezes bisavó. Sempre tive uma personalidade bem intensa: sou uma pessoa que gosta de se manter em movimento. Quem me conhece pessoalmente me escuta dizer: "Ficar parada não é comigo!".

Sou uma pessoa grata e realizada pelo que construí. Isso não quer dizer que tudo são flores, como no ditado. Houve sonhos que gostaria de ter realizado e que não consegui cumprir, resultados que não saíram como eu gostaria, mas nada disso me abateu a ponto de me tirar a compreensão do que realizei para alcançar o meu sucesso pessoal e profissional.

Das minhas oito décadas de existência, seis foram como empresária atuante. Porém, minha vida empreendedora nasceu muito antes de pensar em fundar minha própria empresa. Essa raiz surgiu de meu pai, Rafael, um imigrante espanhol nascido no século XIX, e da minha mãe, Afonsina, filha de italianos e cinco anos mais nova que meu pai. Ela nasceu em 1900, o ano em que a primeira linha de bondes elétricos passou a funcionar em São Paulo. Assim como toda grande mulher, apoiava-o incondicionalmente, cuidando para que a casa estivesse em ordem e a nossa existência transitasse da melhor maneira possível.

Nasci em 1940, sendo a décima quarta filha deles. Sim, décima quarta. Há cerca de um século, era costumeiro um casal ter muitos filhos. Os partos ainda eram precários e não tínhamos os avanços da medicina vistos nos dias de hoje. Também faltava informação às gestantes durante a gravidez, e a própria insalubridade das cidades ajudava a aumentar o índice de mortalidade infantil. Assim, dos quatorze filhos, apenas sete sobreviveram.

Meu pai era sapateiro: construía calçados à base de borracha de pneus, mas suas habilidades não ficavam restritas a essa fabricação. Ele os vendia, despachava, e só então recebia seu dinheiro. Trabalhava de forma autônoma, nos fundos da nossa casa, mas, se olharmos para esse cenário como o de uma pequena empresa, meu pai cumpria o papel de vários funcionários. Isso o levava a uma jornada incrível de trabalho diário, muitas vezes saindo antes do sol nascer e só retornando quando eu já estava dormindo. Um homem simples, mas com um perfil empreendedor latente.

Sendo a caçula da família, quando nasci, acredite, já tinha irmãos casados. Dos sete filhos, dois eram homens e cinco eram mulheres, contando comigo. Meus irmãos homens seguiram a profissão de sapateiro, como meu pai.

O maior exemplo que meu pai nos deixou foi o de sempre ter sido um indivíduo justo, e ele tinha prazer de transmitir isso aos filhos. Nos ensinou a respeitar os outros e, principalmente, os bens dos outros. "Cada qual possui o que tem e construiu por direito", dizia.

Minha mãe cresceu órfã de pai. Aos sete meses de gravidez, meu avô morreu e ela foi criada sozinha por minha avó. Isso acarretou que fosse analfabeta; nem por fotografia ela conheceu seu pai. Era uma pessoa muito ativa como eu e tinha uma forte ligação com sua progenitora. Apesar de não ter estudado, ela carregava um jeito único de ensinar, utilizando-se de parábolas para transmitir valiosos ensinamentos. Era comum, na nossa juventude, escutar minha mãe nos dar uma lição do tipo: "A Bíblia diz: 'Esforça-te, e te ajudarei'".

Em uma dessas ocasiões, ainda nova, compreendi que não adianta pedir algo a Deus e ficar esperando sentada. Essas parábolas trouxeram lições que utilizei por toda a minha trajetória.

Enquanto muitas pessoas apenas pedem em oração o que buscam atingir, eu sabia que, para conseguir algo, de acordo com as palavras da minha mãe, era necessário fazer a minha parte. Enquanto eu estivesse me esforçando, trabalhando, indo atrás dos meus objetivos, uma força maior também me ajudaria. O que eu não poderia era deixar de realizar tudo que estivesse ao meu alcance. E quase fui pega pelo destino, como você verá mais à frente.

Da infância ao casamento

Passei parte da minha infância no Lago da Concórdia, em São Paulo. Nossa casa era grande e agitada, e gostávamos de reunir a família inteira aos domingos. Normalmente, minha mãe preparava uma macarronada, típico prato italiano, como os nossos descendentes. Isso era muito importante, pois meu pai, homem de desejos simples, sentia-se bem com nossa reunião dominical, seu único dia de descanso.

Em casa, recebi uma educação amorosa, que transmiti aos meus filhos, netos, bisnetos e, por que não, também aos meus funcionários. Sempre preservei uma ligação muito próxima com eles, tanto que houve alguns que permaneceram comigo por mais de quarenta anos. Se você pensar direitinho, é mais do que a maioria dos empregos dura hoje em dia.

Fico satisfeita por saber que muitos dos meus funcionários cresceram como profissionais dentro da empresa e que, com certeza, levaram esses ensinamentos para dentro de casa. É essencial aprendermos a tratar bem as pessoas, para que elas se desenvolvam, enxergando que cada qual é um ser humano único, com metas, objetivos e planos para o futuro. Nessa árdua caminhada pela qual passamos, um pode e deve auxiliar o outro.

A condição financeira dos meus pais melhorou ao longo das décadas, o que permitiu que eu não enfrentasse as mesmas dificuldades dos meus irmãos. Não tive uma infância farta, mas comida e proteção meus pais nunca deixaram faltar. Durante essa fase, convivi, em casa, com duas das minhas irmãs casadas que moraram conosco.

Por volta dos meus sete anos, comecei a estudar. Entrei no primário e me encantei com os estudos. Estudar abre infinitas portas: enxergamos o mundo de forma diferente, com mais oportunidades. Se queremos crescer, é preciso aprender sempre, até o final da vida.

Fui uma pessoa apaixonada pelo ambiente educacional. E gostaria de ter feito faculdade, pós-graduação, mestrado e doutorado, mas não foi bem assim. Da minha família, fui a primeira a concluir o primário, e sempre era considerada uma boa aluna. Não faltava às aulas, tirava notas gratificantes e queria aprender cada vez mais. Contudo, na visão do pai, uma visão compartilhada por muitas pessoas de antigamente, as mulheres não precisavam estudar. Não o culpo por isso; sei que ele era um homem influenciado por seu tempo.

Naquela época, seu entendimento era o de que mulheres eram preparadas para o casamento, não para estudar ou trabalhar fora. A função primordial era cuidar da família. Assim, tive meus estudos interrompidos ainda quando criança.

Era um sonho para mim continuar estudando, mas, mesmo com essa percepção equivocada do meu pai, não me abati, e consegui realizar meu sonho de outra forma. Descobri maneiras de aprender sozinha; descobri que a vida é uma ótima professora, que é importante conhecer pessoas e que elas nos ensinam tanto quanto um docente.

Não voltei para a educação formal, mas nunca parei de estudar. Hoje, com mais de oitenta anos, aprendo informática com um profissional que vem me dar aulas em casa. É por isso que falo: caro leitor, se você não teve todo o acesso de que gostaria à educação, se lhe faltou a oportunidade de continuar seus estudos formais, não deixe de correr atrás, de alguma maneira, da informação. O estudo em escolas e faculdades é muito útil e importante para nossa formação, mas não é a única saída. Desenvolva o hábito de aprender independentemente de estar ou não matriculado em algum lugar. Hoje em dia, com a facilidade da internet e a famosa EaD (Educação à Distância), você não precisa estar fisicamente dentro de alguma instituição: pode estudar com grandes professores que só encontra virtualmente; pode se interessar por qualquer assunto pesquisando on-line. Ainda mais: consegue fazer boa parte disso de forma gratuita.

Recorra aos livros quando quiser entender sobre um assunto: eles são baratos e confiáveis. Recorra às pessoas próximas. Muitos se sentem bem em compartilhar seus aprendizados e ajudar, especialmente os mais velhos. Busque bons profissionais para se inspirar e aprender com eles. Tudo isso vai lhe ajudar a alcançar suas metas mais rapidamente.

Quando eu tinha onze anos, meus pais foram influenciados por meu irmão mais velho a se mudarem para o ABC Paulista — uma região tradicionalmente industrial do estado de São Paulo — a fim de abrirem uma loja de calçados na área. Nessa época, minhas irmãs casadas saíram de casa e fiquei morando apenas com meus dois progenitores. Mesmo meus pais estando longe, nenhum filho deixava de ser apoiado. Minha mãe sempre deu suporte às minhas irmãs, dividindo mantimentos com elas. Existia uma forte união em nossa família. Meu pai chegou a vender uma casa que havia comprado, após anos de economias, para ajudar meu irmão em um momento de dificuldade financeira pelo qual ele passava.

O dinheiro dessa venda ele dividiu entre meus dois irmãos. Fui criada com base nesse pensamento antigo de valorizar mais os filhos homens que as mulheres da casa. Nunca questionei meu pai sobre essa divisão do dinheiro. Minha vontade era trabalhar para ajudá-los, ainda que ele considerasse que eu deveria ser criada para manter um lar. Então, exerci a função de ajudante da sua loja de calçados até os meus doze anos, e estava feliz por quebrar essa barreira: conseguir entrar no mundo "corporativo". Porém, aos treze, algo aconteceu em minha vida, mudando definitivamente meus planos.

Eu já tinha um corpo desenvolvido para minha idade. Quando ia à feira para ajudar minha mãe nas compras, um dos feirantes, o Júlio, começou a prestar mais atenção em mim. Mais do que isso, passou a me cortejar.

Tudo começou com uma brincadeira. "Vou casar com você", dizia ele. E minha mãe dava certo apoio àquelas insinuações. Certo dia, quando estava a caminho da loja de calçados, esse rapaz me encontrou e me abordou. Foi enfático: "Quero namorar você".

Eu, menina de treze anos, nem sabia o que dizer. Apesar de compreender o significado de um casamento (a exemplo do que eu via nos meus pais), entendia que ele fazia suas brincadeiras comigo na feira, e nunca havia parado para pensar seriamente sobre isso. Não era uma das minhas preocupações para aquela fase.

Sem saber o que responder para ele, disse: "Vou perguntar para minha mãe. Se ela deixar, eu namoro". Assim, fiz a indagação a ela, que me respondeu dizendo que, como um homem mais velho — ele tinha vinte e cinco anos na época —, Júlio já trazia responsabilidades. Se ele cuidava da mãe e dos sobrinhos, também saberia cuidar de uma família que ele mesmo iniciasse, e isso era bom.

Talvez você esteja se perguntando: "Mas não era muito cedo para pensar em casamento?". Pois bem, isso aconteceu nos anos de 1950. O pensamento da época era o de que mulheres deveriam se casar cedo; como eu disse, as famílias eram bem maiores do que as de agora. Hoje, muitos casamentos acontecem de forma tardia. Vemos casais com um ou dois filhos, talvez nenhum. Temos até uma mudança cultural: mais pessoas permanecem solteiras, investindo em outras prioridades.

Minha mãe aprovou meu namoro, mas impôs uma condição: tínhamos que namorar dentro de casa; só assim ela permitiria a continuidade dessa relação. Aos treze anos, comecei meu relacionamento com aquele que viria a se tornar meu marido por mais de sessenta anos.

Fiquei noiva aos quatorze anos, no dia do meu aniversário. Como me achava muito nova, usei uma vela para representar quinze anos no bolo. Eu estava deslumbrada com tudo aquilo, mas não posso dizer que sabia o que estava fazendo, pois não conhecia quase nada daquele novo mundo adulto. Aos quinze anos, me casei, saindo da adolescência para me tornar uma senhora.

Começava ali uma nova fase da minha vida. Longe da casa dos meus pais, casada e morando na residência do meu marido com uma sogra e cunhadas, em São Caetano do Sul, em pouco tempo eu seria mãe e meu mundo daria uma guinada.

CAPÍTULO 2

A vontade de mudar e as mudanças que a vida traz

Minha adaptação à vida de casada não aconteceu de uma hora para outra. A dificuldade começou pela diferença em relação à cultura familiar na qual fui criada. Eu vinha de uma influência europeia: pai espanhol e mãe filha de italianos. Meu marido era filho de imigrantes libaneses. Apesar disso, Júlio tinha uma parte de sua história familiar parecida com a minha. Ele era o caçula de sete irmãos que sobreviveram de um total de quatorze filhos. Minha sogra era tutora de um casal de netos órfãos. O pai do meu esposo havia falecido e, antes de ele morrer, Júlio lhe prometeu que cuidaria da mãe. Ele era responsável, então, por cuidar da sua progenitora e dos dois sobrinhos.

Após o casamento, fui morar na casa da minha sogra. Ela foi uma mulher maravilhosa na minha vida; era como uma segunda mãe. Sempre muito atenciosa para me ensinar e orientar em relação ao que eu precisava.

Nessa nova vida, minha preocupação era ajudar o meu marido o máximo que podia. Entendia que a responsabilidade de uma mulher casada e a minha inquietude com o que estava à minha volta me faziam querer produzir algo. Não aceitava ficar parada enquanto Júlio trabalhava sozinho na feira, com sua barraca de roupas. Essa inquietude por mudança começou ainda na casa da minha família. Quando presenciava meu pai trabalhando na sapataria com meus irmãos, percebia possibilidades de o negócio familiar ser melhorado. No meu íntimo, eram oportunidades de inovação que se descortinavam à minha frente. Mas, sendo criança e mulher, tinha pouco espaço para opinar em um mundo adulto e patriarcal. Logo, eu precisava buscar meus próprios caminhos para ter reconhecimento. Então inovei naquilo que estava ao meu alcance. Estudei e tirei boas notas, sempre inquieta por querer trabalhar na sapataria do meu pai.

Desenvolver vontade de mudar, de ver que as coisas podem ser melhoradas ou de buscar fazer as transformações acontecerem é algo com o qual você deve se habituar. O medo de modificar vem da nossa mente. Ele surge em nossa imaginação e está ligado ao enfrentamento do desconhecido, uma incapacidade de se autoimpulsionar. Sem emoção, não existe motivação.

Dizem que aqueles que gostam de correr risco são os mais preparados para mudança. Eu penso que, muitas vezes, mudamos por necessidade, além da mudança do tipo espontânea. Esse era o meu caso. Queria viver em condições melhores, e nisso Júlio e eu sempre batalhamos juntos. Buscamos construir uma vida que permitisse trazer mais qualidade para nossa família.

Depois de casada e de ter deixado a loja de calçados do meu pai para ajudar meu marido, minha ideia era trabalhar na feira com ele. Nunca desejei ficar dentro de casa, estagnada. Para mim, essa também era uma oportunidade de crescer.

Mas trabalhar na feira não agradava a todos. A irmã do meu marido foi a primeira a tentar me dissuadir da ideia. Ela dizia que era muito cedo para ir para lá e me colocou para aprender corte e costura, uma prática costumeira na época. Mesmo assim, passado um tempo, comecei a trabalhar na banca de roupas do meu marido. Gostava de vender, de estar em contato com o público.

Três meses depois de estar casada, veio a gravidez.

A vida, assim como as grandes histórias que lemos nos livros ou vemos nos filmes, têm pontos de virada. O ponto de virada é o momento em que acontece algo na trajetória do protagonista, alterando seu curso na busca de um objetivo, mesmo quando tudo parecia caminhar bem. A vida do herói é colocada diante de um abismo, e ele deverá suplantar o desafio de atravessá-lo. Isso é feito para que possamos torcer pelo seu sucesso e esperar que ele termine a história melhor e mais forte do que quando ela começou.

> Os pontos de virada nos filmes e livros são essenciais para que o protagonista se transforme no herói que gostamos de ver quando vamos ao cinema.

Essas histórias são criadas com base na experiência humana, por isso nos encantamos tanto com elas. Não quero dizer que vai aparecer um dragão gigante, como na ficção, e que teremos que o derrotar com nossas próprias mãos, ou seremos devorados. Monstros e dragões são obstáculos para histórias de fantasia; na vida real, temos nossos próprios dragões que precisamos vencer. Casamento, gravidez, parto, morte de um ente querido, perda de emprego, início de um negócio, mudança de cidade, aprendizagem por necessidade... Esses são apenas alguns momentos de virada que podemos enfrentar durante nossa existência.

Como nas histórias ficcionais, os pontos de virada reais geram uma tensão. É aí que surge o herói interior e, com ele, a capacidade que temos de vencer grandes obstáculos, de nos superar, de mostrar nosso melhor.

Imagino que pontos de virada são indispensáveis, porque a rotina não acrescenta nada de especial. Então, se gostamos tanto de ver os personagens de livros e filmes vencendo e superando desafios, por que não aprovamos quando obstáculos acontecem no nosso caminho? Por que não enxergamos esses pontos de virada como momentos que nos permitem nos tornar maiores e melhores do que antes? Ficamos mais resilientes, amorosos, empáticos. Eles nos trazem um crescimento mental, nos deixam mais inteligentes e experientes. Quem sabe é um crescimento familiar, que une a família mais do que antes; um crescimento financeiro, talvez encontrando oportunidades de ganhos mais altos; ou um crescimento profissional, alcançando novos cargos na área de atuação, dentre muitas outras coisas.

Portanto, é necessário passar por momentos de virada na

vida. Se nada mudar, você vai continuar obtendo os mesmos resultados, sempre.

Alguns pontos de virada nos serão impostos; precisamos aprender a aceitá-los e superá-los. Outros, podemos e devemos criar. Aqui vale o ditado: "Seja o protagonista da sua vida".

Em minha trajetória, aprendi, a cada vez que um problema se apresentou para mim, a me perguntar: "O que preciso fazer exatamente para sair dele?".

Essa é a mentalidade que convido você a assumir. Quando algo lhe acontecer, não reclame, não fuja da situação, não se estenda. Pergunte-se como você mesmo pode resolver. Muitas vezes você precisará de ajuda, e pode achar respostas com outras pessoas, ou em livros e tutoriais em vídeos. Ou pode contar com sua própria experiência (talvez você já tenha a resposta dentro de si; só precisa encontrá-la). O encontro dessa resposta parte da premissa de fazer a pergunta certa. Quanto mais respostas você acha, mais gigante se torna.

O início da vida empreendedora

Meu irmão, Armando, com o qual eu tinha mais afinidade, começou a se preocupar ao me ver trabalhando na feira. Ele considerava que minha personalidade delicada não combinava com o perfil de trabalho que eu havia assumido. Então, fez uma proposta para mim e Júlio. Na época, meu irmão tinha duas lojas de calçados. Ofereceu vender uma delas para o meu marido e, assim, eu poderia cuidar da loja, enquanto Júlio manteria seu negócio na feira.

Fiquei entusiasmada com essa proposta. Cresci vendo meus pais e meus irmãos mexerem com calçados. Minha curta passagem como ajudante da loja deles antes de me casar já havia me dado conhecimento suficiente para entender parte do processo. Além disso, queria fazer coisas diferentes das que via minha família repetir, então aquela era uma oportunidade única para realizar esse sonho. Assim, convenci meu marido a aceitar a proposta do meu irmão, e compramos a loja dele assumindo parcelas que poderíamos pagar, se tudo desse certo.

Minha rotina passou a ser: entrar no ônibus de manhã, chegar ao estabelecimento, abrir a porta e começar a vender os calçados. Meu marido, depois de deixar a feira, passava em casa e me levava o almoço pronto. Foi assim durante todo o período da minha gravidez. A loja era um local de realização profissional para mim, e nem mesmo minha condição naquele momento, carregando um bebê na barriga, me impedia de cumprir qualquer tarefa que fosse.

Um ano após meu casamento, minha primeira filha nasceu. Como toda mãe de primeira viagem, eu me desesperava com qualquer coisa que acontecia com ela, mesmo que significasse uma simples dor de barriga. Só isso já era um motivo para eu ficar tomada de preocupação e começar a orar.

Devo dizer que conciliar a gestão da loja com os cuidados de uma criança pequena foi desafiador. A residência da minha sogra e a loja ficavam em bairros diferentes, e todo dia eu precisava pegar ônibus com a pequena no colo para ir trabalhar.

Depois de meses nessa rotina, achei que precisava criar mais qualidade de vida e organizar melhor o tempo. A loja de sapatos tinha um anexo com um quarto com banheiro, então decidi reformar o local e me mudar para lá com minha família. Porém, não foi tão simples.

Essa decisão gerou um grande impacto no meu marido, que havia prometido, ao pai falecido, que cuidaria da sua mãe. Ao mudar de residência, ele entrou em conflito com essa promessa, distanciando-se da sua progenitora, ainda que a visitasse regularmente. Júlio sempre foi um homem digno, de palavra, e se via culpado por estar fora da casa de sua mãe. Contudo, com o tempo fomos aprendendo a superar os desafios de trabalho e convivência. Mantivemo-nos unidos, crescendo junto e construindo uma família igualmente conectada.

Dois anos e meio após minha primeira filha, fomos abençoados com a segunda. A essa altura, meu esforço na loja já havia sido recompensado na forma de crescimento das vendas. Na época em que as pessoas recebiam seus pagamentos, havia tantos clientes, que não existia espaço nem para eles se sentarem. Logo, a loja se tornou uma das maiores do bairro. Com esse desenvolvimento vertiginoso, Júlio abandonou a feira e veio se juntar a mim de vez no estabelecimento.

Em 1963, nasceu meu primeiro filho. Júlio transbordou de

emoção. Na cultura recebida de seus ancestrais, os filhos homens são muito valorizados; são os herdeiros do pai. Júlio S. Junior, cujo primeiro nome replicava o do meu marido, se tornaria, muitos anos mais tarde, meu sócio dentro de uma empresa que ainda faria parte da família. E o começo dessa empresa se deu de forma inesperada e curiosa, através do meu esposo.

No ano de 1966, Júlio visitou um galpão de plásticos laminados que pertencia a um amigo chamado Aldo. Na ocasião, ele fora convidado a se tornar sócio no negócio. Isso veio ao encontro do momento pelo qual passávamos. Após mais de dez anos à frente da loja de calçados, eu me sentia realizada, mas, como sempre, precisava de novidades. Havíamos construído um negócio de sucesso, mas eu queria atuar em um novo ramo, promover coisas diferentes, inovadoras. Era aquela inquietação que nunca me deixava. Por mais que víssemos tudo como um risco — trocar um negócio seguro por uma nova aventura —, vendemos a loja de sapatos e comecei esporadicamente a ajudar meu marido e seu sócio no negócio de comercialização de sucatas plásticas.

Porém, logo passei a discordar da forma de gestão com a qual eles conduziam o galpão. Assim como quando estive com meu pai, eu percebia que existiam oportunidades que ambos não estavam enxergando. Foi então que recebi o convite, em 1970, de abrir uma filial com o Aldo. Se eu precisava ser "testada" como empresária, nada mais conveniente do que assumir o comando de um dos braços da empresa com alguém que não estava dentro da minha família.

Ali eu começava minha nova empreitada no ramo que seguiria pelas próximas quase cinco décadas.

O início foi um tanto turbulento. Havia muitas divergências com Aldo sobre a gestão do negócio. Depois de apenas três meses do início dessa parceria, decidi seguir sozinha, abrindo uma empresa individualmente. Nascia a *Plásticos Ivone*. Chamei meu irmão mais velho para me ajudar na sociedade, num formato estabelecido com base na divisão de lucros, mas sem participação legal: algo informal, mas que era comum para a época. A parceria com meu irmão durou até 1975, quando engravidei da minha quarta filha.

Por influência da sua esposa, meu irmão mais velho sugeriu que eu me afastasse da empresa para cuidar do meu novo bebê. Aceitei. Ele ficou à frente do negócio que eu havia criado, mas quase colocou tudo a perder com sua gestão.

Em 1976, reassumi a empresa. Esse meu irmão havia deixado dívidas e eu precisava resgatar o negócio da situação difícil em que se encontrava. Nessa época, meu outro irmão, ao ver a minha dificuldade, me deu uma recomendação, dizendo que eu deveria trabalhar com meu filho mais velho. Esse foi um grande conselho que ouvi e que fez diferença na minha jornada empresarial.

Meu filho foi um grande parceiro no negócio, tornando-se meu sócio e ajudando a empresa a crescer. Após minha aposentadoria, vendi minha parcela societária para ele. Hoje, ele continua com o legado empresarial criado na década de 1970.

CAPÍTULO 3

Tudo começa quando estamos de bem com a vida

Muitas vezes a mentalidade das pessoas é querer fugir de enfrentar desafios. Não gostamos de afrontar o desconhecido, pois nos dá medo e preocupações; leva nossas horas de sono. É como se nossa vida estivesse em risco, e, para o nosso cérebro, realmente está.

O corpo e a mente humanos evoluíram para garantir nossa segurança, nos manter vivos e a salvo. Para a vida biológica, é importante a prática de alguns hábitos seguros, que possibilitam maiores chances de sobrevivência.

Imagine nossos ancestrais, que viveram em tribos no meio das florestas e savanas. Muitos perigos os ameaçavam diretamente, todos os dias. Sair por florestas à noite era ser alvo de predadores e animais peçonhentos. Seus ataques poderiam levar à morte. Talvez por isso a genética, durante sua evolução, tratou de inserir em nós um medo do escuro, com a finalidade de proteger nossa vida. Assim, com o passar do tempo, várias tendências já estão estabelecidas em nosso íntimo, para facilitar o cumprimento de tarefas. Nem questionamos como surgiram em nós, mas elas nos influenciam o tempo todo.

Ainda assim, fazer algo novo, para o nosso cérebro, quando isso se relaciona com a preservação da vida, é arriscado. É por isso que, quando pensamos em mudar de emprego porque não nos sentimos bem no trabalho atual, ou em abrir uma empresa para alcançar melhores condições, nosso cérebro liga um alerta de ameaça. Essas mudanças colocam em risco a estabilidade alcançada até o momento; mesmo que sejam escolhas conscientes e algo que pode realmente melhorar o nosso bem-estar, nosso cérebro age contrário a elas, porque entende que são uma ameaça.

Por isso é comum que pessoas não ponham em prática seus planos. Querem fazer algo, mas não conseguem — e pior: não entendem por que não estão conseguindo.

Em resumo: o cérebro humano age no subconsciente de forma a nos manter no mundo conhecido, a continuar fazendo as mesmas coisas, sem correr riscos, sem nos colocarmos à prova de ameaças externas.

Devido ao sistema de autopreservação, muitas vezes continuamos em uma vida que já não nos é suportável. Quando desejamos uma mudança, corremos o risco de sermos levados ao estado de antes, sem que concretizemos algo diferente.

Com o passar do tempo, permanecer em uma situação que já não nos agrada gera estresse, que pode se transformar em depressão.

Devemos sair desse estado letárgico no qual muitas vezes nos acomodamos. Mudanças não são rápidas ou fáceis, porém a dor de mudar não é maior que a dor de manter uma vida infeliz. Mesmo que mente, emoção e genética tentem nos convencer de que ficar em uma situação ruim é melhor que aceitar uma situação desconhecida, precisamos nos esforçar para empreender a energia necessária para esse crescimento.

É difícil pensar em sucesso pessoal se não estamos de bem com nós mesmos. Vamos deixar de lado esse estado de negatividade mental e emocional, para cultivar um estado de bem-estar diário, que nasce dentro de nós e é refletido em nossas ações.

Para trilhar um caminho de sucesso, é preciso estar de bem com a vida.

Devemos desmistificar a ideia de que, para estar de bem com a vida, tudo precisa acontecer como queremos. Ninguém é senhor do mundo para ter tudo que deseja. Não podemos agir como crianças mimadas que querem que as coisas sejam sempre feitas ao nosso gosto. Na vida, fazer birra e esperar que alguém venha lhe socorrer não é uma solução. É verdade que muitos recebem ajuda de amigos e parentes. Mas até quando você vai tentar resolver seus problemas dessa forma? E até quando essas pessoas que lhe ajudam hoje vão continuar a estender o braço quando perceberem que você está protelando para resolver seus problemas sozinho?

Preste atenção: já conviveu com aquele tipo de funcionário que só reclama? Que, dentro da empresa, prefere criticar a encontrar uma solução?

Quando as pessoas fazem uma pausa no escritório para tomar café, esse funcionário se aproxima apenas para reclamar e falar mal de outras pessoas ou departamentos. Qualquer coisa e qualquer um é alvo para ele. Chefes, colegas de trabalho, clientes, fornecedores...

Reclamar se torna um vício. Dentro de casa, reclama da empresa em que trabalha, dos colegas, do administrador, do salário. Quando sai com os amigos, o assunto principal serão seus problemas e como o resto do mundo atrapalha sua carreira.

Todos passam por momentos complexos. Talvez o chefe não seja a pessoa ideal para liderar, talvez o salário esteja defasado em relação ao valor pago pelo mercado de trabalho. É possível que o cliente que você atende seja mal-educado ou que o fornecedor atrase o prazo de entrega. Mesmo que uma pessoa tenha mil razões para reclamar, eu posso te dizer que apenas isso não muda nada na vida de ninguém. Não é assim que ela encontrará um significado para seus problemas, ou uma solução.

Para avançar, é importante fazer as pazes com a sua situação atual. As circunstâncias que nos acometem acontecem como elas são, e está feito. Mas, apesar de não ser possível mudar o passado, temos a capacidade de transformar a forma como encaramos o futuro. Assim, conseguiremos ficar de bem com a vida. E, de bem com a vida, teremos mais possibilidades de melhorar o que não nos agrada. É mais fácil até de conseguir uma boa colaboração em nossos projetos, pois as pessoas não gostam de ficar perto de gente que apenas reclama. Elas querem se aproximar de quem está feliz. De quem traz uma energia positiva, uma esperança, uma forma de viver que ajuda a motivar os demais.

Ninguém deseja mais problemas; desejamos pessoas que nos ajudem a resolvê-los. Por isso, precisamos compartilhar alegrias com os outros. São esses que devemos trazer para perto.

Faça as pazes com a vida

Agora você pode estar se perguntando: "Ivone, como viver de bem com a vida, se temos tantos problemas com os quais lidar?".

Durante minha jornada, aprendi três posturas importantes que me ajudaram a refinar a ótica com a qual encaro os desafios e, consequentemente, a viver de bem com a vida para construir um caminho repleto de vitórias.

A primeira é: se você deseja uma transformação, precisa se responsabilizar por ela ao invés de se vitimizar em razão da situação em que está.

Um filme de que gosto muito é *À procura da felicidade*, lançado em 2006. Ele conta a história de Chris Gardner, interpretado por Will Smith, e se passa em um momento crítico da trajetória desse ser humano, antes de conseguir sucesso pessoal e profissional.

O verdadeiro Chris orientou que o filme biográfico trouxesse o momento mais trágico da vida dele, uma época em que sua esposa pediu a separação, deixando-o para cuidar sozinho do filho pequeno. Desempregado, chegaram a dormir na rua e em banheiros públicos por ele não ter condições de alugar uma moradia, depois de serem despejados.

Gardner tinha muitas razões para se colocar como vítima da situação e reclamar de tudo que estava passando; se assim o fizesse, talvez ninguém o culparia, pois realmente era uma fase perturbadora. Todavia, ele tomou uma decisão e seguiu firme com ela, e isso mudou o seu futuro. Mesmo na necessidade, aceitou trabalhar como estagiário em uma importante corretora de ações, ainda que não fosse remunerado. Ele enxergou, naquela chance, uma possibilidade de dar uma guinada, ainda que sofresse com humilhações e falta de dinheiro. Ele sabia que o conhecimento que iria adquirir dentro daquela empresa estava acima de muitas outras coisas. Eventualmente, ele poderia conseguir uma promoção e desenvolver sua carreira a partir daquele ponto — ou seja, ele "agarrou" a chance. Ou seu futuro.

Gardner se tornou um grande empresário e investidor. Sua história ficou conhecida mundialmente através desse filme e inspira milhares de pessoas a mudar de vida e sair em busca da sua felicidade. E isso nos leva para as próximas posturas que aprendi.

Quando a *Plásticos Ivone* estava em rápido crescimento no mercado, meu filho e eu procurávamos aprender cada vez mais para superar os novos desafios que tínhamos. Foi buscando mais conhecimento que conheci o palestrante Alfredo Rocha.

Certa vez, em uma visita à minha empresa, ele me perguntou: "A que você atribui a razão do sucesso?".

Busquei a resposta dentro de mim. Recordações vieram à tona, aprendizados passaram diante dos meus olhos. Minha mente se iluminou e duas palavras me chegaram à boca: acreditar e agir. Para isso, eu precisava ter fé.

Então, a segunda postura que assumi foi a de que é preciso acreditar, do fundo do coração, que as coisas vão dar certo. Se você não acredita no que está fazendo, se não acredita no seu projeto, se não acredita na sua capacidade, se não acredita na importância do seu trabalho, suas chances de sucesso serão remotas.

Precisamos utilizar a nossa fé naquilo que nos propomos a realizar. A fórmula é a seguinte: se você confia que algo não vai *dar* certo, não vai se empenhar o suficiente para *fazer* dar certo. E aí que acontece a "profecia autorrealizada".

A profecia autorrealizada refere-se a quando você diz algo subestimável para si — por exemplo, "ninguém compra o meu produto porque ele é caro". Como você acredita que isso seja uma verdade, não se esforça para encontrar o cliente que pode pagar pelo que tem nas mãos, não se esforça para valorizar o produto, não se esforça para demonstrar ao seu cliente os benefícios de comprá-lo. Ao não fazer nenhuma dessas coisas, você não vende. Então, diz para si próprio: "Eu sabia que ninguém ia comprar! É caro!". Você se esquece de que a razão principal de não ter vendido foi a sua descrença de que era capaz de vendê-lo.

Existe uma frase do empresário Henry Ford que diz: "Se você pensa que pode ou pensa que não pode, de qualquer forma você está certo".

É preciso acreditar no que produzimos; só assim conseguimos colocar a energia necessária para agir e alcançar nossos objetivos. Ao duvidar, mesmo quando conquistamos algo, muitas vezes entramos em conflito a respeito de sermos merecedores de tal conquista.

Veja, quando minha empresa começou a obter sucesso e eu havia conseguido uma situação financeira mais confortável que a dos meus irmãos, passaram a me chamar de "a irmã rica". E isso me fez questionar se eu era merecedora desse sucesso.

Percebi que os resultados que obtive eram devidos à minha postura. Meus irmãos poderiam ter os mesmos resultados que eu, mas, para isso, precisariam mudar sua forma de pensar. Meus frutos foram conseguidos porque eu sempre busquei sair da inércia e fazer a diferença. Inovar, entregar o melhor. Isso foi amplamente reconhecido pelos meus clientes. Se o dinheiro recebido é uma forma de reconhecimento pelo nosso trabalho, então eu fui merecedora dos meus resultados.

A terceira postura essencial é agir. Exemplificando de forma simples: não adianta pedir a Deus para ganhar na loteria se você não jogar. Não há pedido igual a esse que se concretize. Logo, não é só acreditar que vai dar certo, é atuar para fazer dar certo. Só acreditar não vai resolver seu problema. É preciso agir de forma ininterrupta.

A ação faz com que não desanimemos quando encontramos a primeira pedra no sapato. Se você não agir com essa primeira, imagine com todas as outras que ainda virão. Eu digo isso com a experiência de quase cinquenta anos de empreendedorismo. Às vezes, essas pedrinhas parecem intermináveis. Mas, com nossa força de vontade, podemos removê-las e continuar seguindo em frente.

CAPÍTULO 4

Tenha coragem

A procura pela felicidade é uma busca incansável para todos nós, seres humanos. Afinal, temos total direito de ser felizes. A nossa história neste planeta já demonstra isso através dos tempos. A felicidade é tão importante para o nosso bem-estar, que as nossas organizações sociais tendem a evoluir para proporcionar níveis mais altos de satisfação e, assim, promover ainda mais esse sentimento.

Nas civilizações humanas, um exemplo dessa evolução em busca de maior bem-estar social são as criações de normas e leis que protegem o indivíduo. As leis impõem punições a quem pratica um mal contra outra pessoa ou toma para si um bem de outrem.

Outra mudança refere-se à forma de trabalho. Se as civilizações anteriores usaram a escravidão como um meio de obter mão de obra gratuita, hoje compreendemos como crime esse exercício, e os estados costumam condenar os acusados por essa prática ilegal e absurda.

O próprio mercado de trabalho evoluiu na busca por fornecer melhores condições aos seus funcionários. Antes tínhamos jornadas de trabalho de doze horas, com poucos direitos ao trabalhador; hoje, temos leis trabalhistas que protegem o funcionário, garantindo condições mínimas para sua segurança, saúde e tranquilidade.

Não apenas as leis garantem melhores condições aos trabalhadores, mas as próprias empresas perceberam que funcionários felizes são mais produtivos. E funcionário mais produtivo representa mais lucro para a empresa. Assim, as organizações investem em benefícios, em criar um bom ambiente de trabalho, em manter um clima organizacional satisfatório.

Se uma empresa está sendo bem gerenciada, é porque provavelmente há uma preocupação constante com a qualidade de vida do funcionário tanto nas filiais quanto nas matrizes.

Também, de um modo ou de outro, as doutrinas religiosas nos ensinam sobre a felicidade quando falam sobre a importância de amar o semelhante, de viver uma vida ética, de buscar evoluir como pessoa. Praticar o autoconhecimento e saber respeitar e amar os outros são atitudes fundamentais para o nosso próprio bem-estar.

Por exemplo, há mais de 2.500 anos a doutrina budista prega a felicidade e propõe caminhos para nos libertarmos do sofrimento, para não nos apegarmos às ilusões do mundo que nos fazem sofrer.

Lembro que o primeiro lema da minha empresa foi: "Uma andorinha só não faz verão" — ou seja, juntos somos mais fortes e conseguimos chegar mais longe. Era algo que se falava muito antigamente, mas que é repleto de verdade.

Durante minha trajetória, tive e ainda tenho o costume de

refletir sobre as grandes questões filosóficas da vida: de onde viemos, quem somos e para onde vamos. Porém, mais do que isso, penso no que deixamos em nossa passagem. Essa reflexão me ajudou a encontrar bastante sentido durante meu curso de existência. Precisamos aproveitar a vida, mas devemos evoluir como seres humanos e usar essa oportunidade única de estar presentes aqui e agora para deixar bons frutos às pessoas que nos têm como referência.

Guiei minha história com base nessa busca incessante de deixar uma lembrança positiva para os próximos, sejam da minha família, ex-funcionários ou simplesmente pessoas que cruzaram meu caminho nas diversas conjunturas em que me encontrei. Cada aprendizado, cada processo de evolução devem ser usados na construção da nossa felicidade. Sabemos que a vida não é feita só de momentos bons, mas precisamos compreender que toda rosa tem seus espinhos, e nem por isso essa flor deixa de ser bela.

Se anteriormente escrevi sobre a importância de estar de bem com a vida, saber lidar com os espinhos para contemplar a beleza ou sentir o perfume das rosas é um bom exemplo de como exercitar isso. Ter resignação diante das dificuldades decorrentes de nossas andanças é bem diferente do que Zeca Pagodinho retrata no refrão de sua música, "Deixa a vida me levar, vida leva eu".

Somos marinheiros dentro do barco que navega pelo rio da vida. O fluxo da nossa existência é como um rio. Por vezes, a correnteza será mais forte, e consequentemente encontraremos mais obstáculos. Mas não podemos ficar esperando que o barco se choque contra uma pedra ou vire na correnteza. Se pegarmos o remo e indicarmos a direção correta, nunca afundaremos.

Desde jovem, vou me ajustando às metas do que quero fazer com base no que me deixa feliz. Isso porque somos seres conscientes, e nos foi dada, por aquele lá de cima, a capacidade do livre-arbítrio. Eu sempre entendi que é preciso ter coragem para ser feliz. Uma vez que a palavra coragem significa "agir com o coração", isso se torna óbvio.

Para ser feliz, é preciso ouvir o que o coração pede.

Só é feliz quem vive como quer

"Viver como quer" não significa viver de forma libertina ou irresponsável. Viver como quer é construir uma trajetória boa, traçar metas realistas e se dispor a fazer o que for necessário para ir atrás dessas metas, sempre de forma ética e sem prejudicar ninguém.

Se temos livre-arbítrio para escolher, podemos sempre optar em relação a como queremos agir, ao sentido que desejamos para nós e para o próximo. Realizar ou não realizar. Esse poder é imenso, e escolher bem as nossas opções é transformador.

Mas tome cuidado quando planejar suas metas: não caia nas inúmeras ilusões que o mundo vende. É comum enxergarmos apenas o exterior e nos iludirmos, sem conhecer a realidade dos outros; então, criamos um plano com base em achar que nossa felicidade está em possuir coisas aparentes, sem valor real.

Conheci pessoas que ganhavam um salário mínimo e eram felizes. Elas sabiam o que era mais importante para si mesmas, e batalhavam para consegui-lo.

É óbvio que sei que existem pessoas com extremas dificuldades financeiras, que vivem obstáculos a mais nessa eterna busca pela felicidade, pois lhes falta o básico. Sua primeira preocupação refere-se a como vão se alimentar ou prover às pessoas que as cercam. Ainda assim, é possível manter o espírito de coragem, lutar as batalhas do dia a dia e, ao final, comemorar a luta vencida e aprender com as derrotas. Esses ensinamentos são imprescindíveis, pois a maioria das pessoas comete os mesmos erros, visto que não busca adquirir conhecimento suficiente para superar o que já passou.

Eu me recordo de que, durante minha fase de administradora na *Plásticos Ivone*, um dos funcionários da expedição quebrou o pé e precisou engessá-lo. Era um pai de família, e sua vida era simples. Como ele não tinha como ir ao médico para retirar o gesso, ofereci uma carona; ao buscá-lo em sua casa, percebi o quão simples era a residência em que ele morava, com pouquíssimos objetos, em uma área afastada do centro.

Anos mais tarde, já promovido, ele ganhou uma premiação em dinheiro, como "funcionário do mês". Como sabia da situação de carência da sua família, perguntei como ele usaria o dinheiro, esperando que respondesse que compraria algo para colocar dentro de sua casa.

Ele me informou que faria um curso de informática para poder trabalhar com os computadores da empresa.

A atitude dele me demonstrou seu esforço para crescer na vida e na carreira. Em lugar de suprir suas necessidades com algo emergencial, esse funcionário visualizou que precisava se atualizar e, assim, garantir uma evolução profissional, para conseguir sustentar melhor sua família. Foi um ato de coragem do qual nunca mais me esquecerei, porque não sei se muitos agiriam como ele. Dito e feito. Depois de um período, esse funcionário passou a trabalhar no setor de computadores da empresa e permaneceu por lá até se aposentar.

Mesmo que a sua situação esteja sendo difícil, opte por agir com o coração, para mudar o que está à sua volta. Não digo sobre mudar as pessoas. Não devemos pressionar os outros a atuar conforme os nossos desígnios. Digo para você agir com o que é possível fazer, ao seu alcance.

> As pessoas felizes são aquelas que aprenderam a ouvir seus corações no silêncio das suas mentes.

Além de colocar a felicidade ligada à quantidade de dinheiro na conta corrente, é comum as pessoas também criarem ilusões do tipo "só serei feliz se for um artista reconhecido, se for uma celebridade", dentre outras.

Talvez você seja feliz como um musicista, se isso for o que

seu coração pede. Mas, se pensa em ser músico apenas para ocupar um palco com dezenas ou centenas de pessoas aplaudindo, para conceder entrevistas e ganhar muito dinheiro... seu caminho será tortuoso, porque a felicidade está no curso, não no destino.

Invariavelmente, encontramos pessoas de muito sucesso por aí, e não nos passa pela cabeça como deve ter sido difícil elas terem alcançado o ápice. Com certeza, elas transitaram por uma escada com degraus muito altos, quebradiços e pouco confiáveis.

Penso que a maioria que conseguiu atingir o sucesso criou uma rotina capaz de levar a conquistar as metas pessoais traçadas. A rotina pode ser dolorosa, mas aceitá-la e executá-la cada vez com mais eficiência é o que possibilita a realização de tudo que se alcançou e, quem sabe, o avanço de uma casinha ou o traçado de metas mais ousadas.

Nesse aspecto, mantenha-se concentrado em si mesmo. Viver a rotina de outra pessoa guiado pela ilusão de luxo e por coisas efêmeras pode ser danoso para sua saúde física e mental. Se o seu coração diz para você se tornar chef de cozinha, mas, por pressão social ou pela busca por status, você se tornou um médico, é possível que essa rotina lhe traga infelicidade.

Uma técnica que usei no mundo empresarial para me ajudar a desvendar os caminhos que devia seguir quando buscava uma mudança, mas tinha dúvidas se era a direção certa, foi colocar em prática a minha imaginação, como uma forma de auxiliar na minha decisão. Eu me supunha fazendo a mudança e refletia sobre quais eram os obstáculos que encontraria pela frente. Então, me questionava: "Como me sentirei em relação a isso?".

A resposta não é tão fácil, mas deve partir do coração. Muitos optam por colocar a razão em primeiro lugar, mas, para nos aventurarmos em algo novo, é o coração que nos sinaliza os sentimentos que podem vir à tona com essa transformação. E isso afeta diretamente o bem-estar, que tanto citei.

Em resumo, imagino os prós e os contras que essa mudança vai me trazer. Primeiro, tento recordar se já houve algum impacto parecido e se aprendi algo com lições passadas. Depois, em silêncio, ouço o que meu coração tem a me falar. E, com coragem, tomo a decisão de agir ou não, mesmo que seja parcialmente.

Não se esqueça de experimentar as mudanças aos poucos e ir melhorando sempre que precisar.

Técnicas auxiliares na tomada de decisões

Grande parte dos jovens de hoje se diz insatisfeita com seu trabalho atual e afirma que gostaria de mudar de carreira. Talvez esses jovens entendam, mais do que os mais velhos, que encontrar satisfação no trabalho é muito importante para viver bem e cultivar a felicidade em nossa vida.

Para fazer uma mudança de carreira, ainda mais no contexto de pessoas que já estão há anos exercendo uma profissão, é preciso coragem.

Quando deixei a loja de calçados para abrir uma empresa no ramo de plásticos, estava certa de que meu coração pedia por mudanças. Mas toda substituição, em seu início, traz mais dificuldades a enfrentar do que frutos a colher. Por isso, tomar novos rumos exige esforço e persistência. No meu caso, graças à minha mudança profissional, fui capaz de construir uma empresa que ajudou dezenas de famílias nas últimas décadas. E imagino o que teria acontecido se permanecesse no "lugar comum".

Neste capítulo, vou trazer para você algumas técnicas de auxílio em caso de dúvidas sobre qual carreira seguir.

A maioria de nós desenvolve talentos. Essas habilidades, quando aperfeiçoadas, podem se transformar em uma escolha coerente. Ao mesmo tempo, esses múltiplos talentos podem gerar uma confusão na hora de escolher o que fazer.

Uma pessoa que pensa em investir na área de vendas, por exemplo, pode deixar de lado suas aptidões artísticas, como pintura a óleo. Mas, se ela tem habilidades com vendas e com artes, por que não ser uma vendedora criativa em sua abordagem e fechamento de vendas? Por que não vender de uma forma que os demais da profissão não conseguem fazer e, assim, se destacar na carreira? Ou, quem sabe, optar por ser um artista vendedor? A maioria dos artistas não consegue negociar bem seus trabalhos porque não tem essa segunda habilidade, então eles ficam presos aos interesses de outras pessoas. Se, além de produzir quadros, o artista conseguir vendê-los bem, vai se colocar à frente dos demais que não conseguem levar seu trabalho para o público.

Você não precisa desperdiçar nenhum de seus talentos; o que precisa é saber conciliá-los de forma que impulsionem sua carreira.

"Mas, Ivone, não consigo decidir em qual profissão colocar meu foco e seguir..."

Então vou compartilhar com você a primeira técnica.

Comentei sobre a imaginação servir como um guia para você ouvir seu coração, cogitando os prós e os contras para o seu bem-estar. Vamos utilizar a imaginação para ajudar na decisão sobre uma mudança de carreira.

A primeira coisa é imaginar três estados de vida profissional:

- Uma vida profissional com a atividade que você realiza hoje — é o que gostaria de continuar fazendo?
- Uma vida profissional na qual o emprego que você tem desapareceu do mundo — qual a primeira profissão que escolheria?
- Uma vida profissional na qual status e dinheiro não importam — o que você faria?

O objetivo dessas questões é trazer clareza à sua escolha.

A primeira pergunta faz você refletir sobre sua profissão atual. Às vezes você gosta do que exerce, mas está insatisfeito com a empresa, o chefe ou com outra situação. Ou seja, você não está insatisfeito com a sua carreira, e sim com uma situação momentânea. Ao imaginar seu futuro, pode se decidir por resolver toda a questão ou manter-se como parte dela.

A segunda pergunta visa ajudar você a se livrar da prisão mental da carreira atual. Imagine qual outra profissão você escolheria ou pretende escolher no futuro. Sente-se apto a enfrentar essa nova carreira? Talvez seja o momento ideal, por mais insegurança que você tenha. Antes tarde do que nunca, não é?

A terceira pergunta é ainda mais provocativa. Ela quebra as prisões mentais que são associadas ao trabalho: dinheiro e status. Em um mundo no qual essas coisas não importam, qual profissão você exerceria? E como se sentiria com essa escolha?

Ao dar as respostas, o próximo passo é descrever o seu futuro em cada uma dessas carreiras. Quais são os prós e os contras? O que você conseguiria reunir em cada uma delas daqui a cinco anos? Do que precisaria abrir mão? Quais coisas boas vão trazer para sua vida? E o mais importante: qual delas faz seu coração vibrar de alegria?

Nossas escolhas devem sempre passar por testes. Assim como você pode dirigir um carro antes de comprar, por que não experimentar algo da nova carreira antes de se decidir? Se você quer abrir um restaurante ou ser chef de cozinha, que tal testar sendo garçom ou garçonete antes? Ou ajudante de cozinha?

Eu recomendo que você teste a profissão e o ambiente de trabalho em primeiro lugar. Faça perguntas para profissionais da área que você deseja encarar. Conheça a fundo a realidade da profissão; não escolha por impulso. Busque um estágio, seja um aprendiz. Nesse momento, o que importa é ter mais clareza sobre a sua escolha. Se perceber que é isso que você quer para o seu futuro, depois poderá começar a trabalhar definitivamente, e de forma remunerada.

Uma técnica vinda do Japão e que está contribuindo para a escolha de muita gente na carreira é o Ikigai. Ela pode ser aplicada em vários ramos da sua vida e lhe servirá como um guia de motivação e sentido.

Trago aqui um diagrama Ikigai para ajudar você a decidir sobre uma profissão:

O Ikigai é o ponto central no qual todas as quatro perguntas são respondidas. É aquela atividade que completa você de várias formas.

Muitas vezes optamos por pensar apenas no lado profissional, mas sentimos que falta algo pessoal para nos completar. O Ikigai ajuda a enxergar essa ausência; assim, também podemos buscar atividades que complementem nossa vida em mais aspectos.

O que eu amo fazer?

Aqui vai tudo que sentimos prazer ao executar. Muitas vezes são coisas da infância, que já deixamos para trás.

Do que o mundo precisa?

Temos que enxergar as necessidades do mundo, das pessoas ao nosso redor. Olhar para o outro.

O que me pagam para fazer?

Nessa pergunta, o foco é encontrar as coisas pelas quais o mundo está disposto a pagar e que você saiba fazer.

O que sou bom para fazer?

Nem tudo que está em nossa rotina é realizado plenamente. Nem tudo que amamos ou missões que recebemos refere-se a algo que somos bons em executar. Não devemos ser autossuficientes em relação a qualquer coisa que nos entregam e que esperam que façamos.

O Ikigai é a interseção dessas quatro respostas: encontrar algo que amamos realizar, algo de que o mundo precisa, que as pessoas estão dispostas a nos pagar para fazer e que somos bons o suficiente para cumprir. A reunião de tudo isso gera prazer.

Responder às perguntas do Ikigai vai lhe trazer autoconhecimento na hora de pensar em uma mudança de carreira.

E lembre-se sempre de continuar aprendendo. O aprendizado contínuo possibilitará conquistar metas cada vez mais grandiosas.

CAPÍTULO 5

Aceitação e paz interior

Cada ser humano é único. Cada um tem sua história, suas dificuldades e conquistas. Cada qual com suas metas e valorizando o que tem.

Nossa singularidade como seres humanos faz com que enxerguemos as coisas ao nosso modo e enfrentemos dificuldades à nossa própria maneira.

Reconhecer que cada um é ser único e se colocar no lugar do outro é um sinal de empatia. É necessário compreender que as pessoas às vezes tratam um mesmo assunto de formas distintas. O lado positivo é que isso permite que possamos sempre inovar.

Se todos olhassem o mundo sob a mesma ótica, nada de novo seria construído. Passaríamos a vida toda convivendo com os mesmos resultados, sem conseguir evoluir.

Você deve se sentir feliz pela vitória do outro, assim como esse outro também deve se sentir feliz quando você conquistar vitórias.

Há um ditado comum que diz "A grama do vizinho é sempre mais verde", o que significa que notadamente consideramos que algo na vida do outro é sempre melhor quando comparado à nossa. Isso fica claro nas redes sociais, pois elas agravam ainda mais essa sensação de perfeição. É costumeiro postar fotos felizes ou resultados de sucesso na internet, mas poucos querem, de fato, ser sinceros. Esse cenário gera uma sensação coletiva de que o colega de escola ou de trabalho tem uma vida mais pródiga que a sua.

Se nos deixarmos iludir com essas postagens perfeitas, essa "máscara" começa a gerar um sentimento negativo em nossas trajetórias. Passamos a desejar o mesmo sucesso da outra pessoa, em lugar de compreender o que é o verdadeiro sucesso para nós mesmos, e nosso foco fica abalado. Então, caímos em um estado de ansiedade ou até mesmo de depressão em razão de nossas próprias dificuldades.

Com um estado mental negativo, torna-se ainda mais difícil sair dessa condição, o que faz agravar nossos problemas. Muitos afloram um sentimento de revolta com a vida, que não ajuda em nada. É preciso desenvolver um espírito corajoso para enfrentar a realidade e encontrar soluções. Os problemas que nos afligem não devem ser vistos com rebeldia: devem ser encarados com aceitação.

Fique em paz consigo mesmo. Esse é um dos principais hábitos que pratico ao longo dos anos, e posso lhe dizer que é um sentimento libertador.

Aceite a vida como ela se apresenta

Uma coisa precisa ficar clara quando eu falo sobre aceitar a vida como ela é: praticar a aceitação é diferente de ter uma postura de passividade. Passividade é não querer agir, é deixar para amanhã o que você poderia fazer hoje, é se submeter ao medo diante das transformações que você deveria estar promovendo.

Aceitação é entender que momentos bons e ruins fazem parte do cotidiano. Que teremos ganhos e perdas até a nossa morte, e que nem tudo passará pelo nosso controle. Mas, ao menos, procuremos agir diante deles. É nas fases discordantes que tiramos valiosas lições, e são essas lições que nos fazem ficar mais fortes.

Momentos difíceis forjam as pessoas.
Por conseguinte, soluções inexistentes são criadas.

Em momentos críticos, temos a oportunidade de mostrar o nosso melhor. É verdade que somos quase obrigados a nos fortalecer, mas essa é a forma de a vida nos ensinar que existe muito poder que ainda não exploramos e inúmeras capacidades das quais talvez nunca nos conscientizaríamos diante de uma situação comum.

Veja a natureza. Todos os dias, formas cada vez mais belas são criadas. Um exemplo recente que podemos encontrar de como a inserção de uma dificuldade molda o ambiente para melhor aconteceu dentro do Parque Yellowstone, nos Estados Unidos.

Os lobos que habitavam o parque originalmente haviam sido extintos no começo do século XX. Sem predadores naturais, animais como alces, veados e outros herbívoros aumentaram seu número e andavam livremente pelo parque, o que destruiu a vegetação nativa.

Em 1995, alguns lobos foram reintroduzidos no parque, em uma pequena quantidade, e, posteriormente, mais animais como esses foram levados para lá ao longo dos anos. Sabemos que os lobos são animais ferozes que se alimentam de carne; logo, sua presença no parque significava uma ameaça às outras espécies que ali estavam.

Era esperado que algumas populações fossem diminuídas com a chegada dos lobos, mas o que ocorreu foi uma reinvenção de todo o ecossistema do parque. Apesar de inicialmente serem apenas quatorze lobos, sua presença fez com que os alces e veados evitassem regiões onde poderiam ser caçados facilmente.

Quando esses herbívoros se afastaram para regiões mais altas, evitando os vales onde seriam presas fáceis, a "mágica" aconteceu: a vegetação começou a se regenerar sem a presença dos animais.

Se antes o parque apresentava um aspecto sem vida botânica, a simples presença de uma ameaça mudou o comportamento dos veados e acarretou também a oportunidade de as árvores voltarem a crescer, ficando até cinco vezes maiores do que eram antes da chegada dos lobos, trazendo pássaros e insetos, que ajudaram a espalhar as sementes, ajudando ainda mais o crescimento da vegetação.

As árvores atraíram castores, que construíram represas com os troncos. Essas represas aproximaram patos, lontras e anfíbios. Os coiotes passaram a ser caçados pelos lobos; com isso, cresceu a população de coelhos e ratos, que chamou a atenção de águias e raposas.

Ursos chegaram ao parque para se alimentar das frutas que as árvores davam, além da caça, que passou a ser constante. Os próprios rios mudaram com a chegada dos lobos. Com árvores maiores, o solo não sofria erosão, e assim os rios mudaram seu percurso. A vida animal e vegetal foi transformada apenas com a inserção de uma "ameaça" no parque.

O que poderia ser visto como uma ideia absurda, mostrou-se capaz de reformular para melhor todo o ecossistema. O parque poderia continuar sem diversidade até os dias de hoje, com poucas árvores e espécies. Só que o ambiente aceitou o lobo não como um perigo, mas como algo que faz parte dele. Esse acolhimento possibilitou que tudo evoluísse para um patamar melhor para todos.

Esse é um exemplo de como algo que vemos como uma ameaça muitas vezes pode se transformar em uma bênção quando aceitamos o que aconteceu, e então passamos a reagir da melhor forma possível, buscando saídas e inovações.

Posso afirmar que praticar a aceitação me fortaleceu para encarar os desafios e fazer o que era preciso fazer para as coisas darem certo.

Empatia é um laço invisível que une a todos.

No começo deste capítulo, escrevi que a aceitação ajuda a

criar empatia com as pessoas. Empatia é a capacidade de se colocar no lugar do outro, de entender as dores do semelhante, compreendendo como as pessoas se sentem e pensam em relação ao meio em que vivem, para que consigamos ajudá-las.

Em 2015, meu filho e eu já tínhamos visões diferentes de como conduzir a empresa, então aceitei que era a hora de ele buscar fazer as coisas da forma como acreditava serem certas empresarialmente. Eu me afastei da parte administrativa, me aposentando depois de 45 anos de trabalho. A verdade é que sou uma pessoa muito ativa, então, mesmo afastada dos negócios, não consegui ficar ociosa.

O ano foi um ponto de virada em minha vida. Primeiro, ao aceitar que precisava dar a oportunidade para meu filho gerir a empresa da forma dele, fortaleci minha empatia e meu amor à família. Depois, veio o que tomei como minha nova missão: fundei a Organização Não Governamental (ONG) *Consciência e Vida*, para ajudar pessoas necessitadas, levando-lhes capacitação e esperança.

A ONG me trouxe grande satisfação e realização, mas também me mostrou que nem sempre as coisas são como queremos — por exemplo, no que se refere a envolver desejos e necessidades de outros em nossos projetos. Minha iniciativa era apoiar as pessoas, mas sem eu contar com retorno financeiro, afinal, depois de 45 anos como empresária, não precisava disso. Porém, a organização tinha suas obrigações; para atendê-las, era necessário ter mantenedores.

Por falta deles, tive que fechar a ONG. Foi uma empreendimento social no qual acreditei e para o qual dediquei meu tempo, mas precisamos aceitar que tudo tem começo e fim. Esse é o ciclo. Ideias e projetos começam e terminam; quando vão embora, dão oportunidade para um recomeço.

Posso dizer que a década de 2010 a 2020 me ensinou muito sobre aceitar a vida como ela é, confrontando-me com sentimentos de perda e o fortalecimento do meu amor. Em 2015, vendi a participação que detinha na *Plásticos Ivone* para o meu filho. Apesar de já afastada da empresa, ainda mantinha minha parcela societária.

No ano seguinte, depois de sessenta anos de casados, meu marido e companheiro Júlio faleceu. Juntos, aprendemos e compartilhamos muito. Crescemos como seres humanos e amigos de verdade. Formamos nossa família, e aprendi como o núcleo familiar é o que mais importa na construção de uma história feliz.

Aprendi sobre o verdadeiro amor cuidando dele em seus últimos momentos de vida; então, ele terminou sua jornada por aqui. Não é fácil aceitar uma perda após tanto tempo juntos, mas todos, em algum momento, vão passar por isso.

Se sairmos à rua e começarmos a bater de porta em porta em busca de alguma família que tenha perdido um ente querido, todos responderão que sim. A morte é uma parte integrante da vida. Aceitá-la como natural, como apenas mais um passo em nossa evolução, permite que dediquemos nosso olhar atento a como estamos vivendo.

Não sabemos até quando estaremos na Terra, até quando

as pessoas que amamos ficarão ao nosso lado. Precisamos, então, aproveitar nossa passagem para construir coisas boas. Devemos considerar a presença das pessoas que amamos. Aproveitar para estudar e compartilhar o que aprendemos com os demais. Façamos em vida tudo que está ao nosso alcance, porque, o que é inevitável, só nos resta aceitar.

Um ano depois da perda do meu marido, recebi com choque a notícia de que meu filho foi diagnosticado com câncer. Era mais uma notícia terrível. Porém, isso só aumentou nossa força e união. Ele iniciou o tratamento de imediato e, graças a Deus, curou-se da doença.

Quando achava que nenhum desafio mais ocorreria, um novo fato mudou completamente meu estado de saúde. Durante uma festa, sofri uma queda e fraturei o fêmur. Foram três meses internada devido à gravidade do ferimento e à minha idade.

Quando recebi alta do hospital, saí em uma cadeira de rodas, objeto no qual eu nunca havia me sentado. Eu, mulher sempre ativa, agora não podia mais andar sem ajuda de aparelhos. Foi uma provação, mas não praguejei pelo que tinha me ocorrido. Usei aquele momento como aceitação dos fatos. Eu me comprometi cem por cento com meu tratamento e mantive minha fé na recuperação. Fiz tudo que estava ao meu alcance na busca de restaurar minha capacidade de andar de novo, sem precisar de nenhum aparelho.

A recuperação não foi rápida como eu esperava; depois de um ano e meio, precisei voltar à mesa de cirurgia. Fui para a nova operação sem nunca perder as esperanças. Em 2021, comecei a andar novamente. Ainda não estou com toda a minha capacidade de volta, mas já consigo ter uma vida fisicamente mais normal que há dois anos.

Nesta última década, foram muitas provações. Ter aceitado essas situações que se apresentaram e ter lidado com o que tinha pela frente foram atitudes que me levaram a superar esses momentos.

Tinha a opção de ficar reclamando de tudo que estava me acontecendo, mantendo-me paralisada. Mas isso não ajudaria. Então, precisei agir com base nos novos desafios que a vida me apresentou. Praticar a aceitação gera mais energia: você deixa de se ocupar com o problema e usa sua atenção para realizar tarefas que precisam de fato ser feitas. Ao usar sua energia mental e física para o que realmente importa, você é capaz de alcançar todas as suas metas.

CAPÍTULO 6

A importância de ser autêntico

Viver de forma autêntica é fundamental para quem busca estar de bem com a vida. A aceitação está de mãos dadas com essa capacidade.

Como citei antes, é frequente que o ego humano, na busca por status e reconhecimento, coloque alguma máscara que oculte sua autenticidade, mostrando-se ao mundo de forma diferente da que realmente é. Isso se tornou ainda mais comum nos dias de hoje, em que pessoas que se escondem por trás do perfil em uma rede social vivem um personagem criado para ludibriar os outros, mas que, no final, só engana a si mesmos.

Vejo, com as redes sociais, uma dissimulação da realidade. Muita gente compra coisas que não pode pagar, vive de uma maneira que não consegue sustentar, apenas para mostrar ao mundo quem não é, ou suas ostentações. Existe uma frase de Robert Quillen que diz: "Muitas pessoas gastam dinheiro que não têm, para comprar coisas de que não precisam, para impressionar pessoas de quem não gostam".

Viver dessa forma é uma tolice — e o pior: é mais comum que pensamos. É como uma doença que atinge a população: queremos transparecer quem não somos, seja através do dinheiro que gastamos ou de ideias em que não acreditamos.

Certa vez ouvi de uma pessoa próxima: "Eu mesmo acredito nas minhas mentiras".

A questão é que acreditar nas próprias mentiras não muda a realidade. Vai continuar sendo uma mentira, e esse vício de contar e mostrar coisas não verdadeiras pode levar você cada vez mais ao fundo do buraco. Então, o primeiro ato é reconhecer, quando estiver dentro do poço, que está de fato nele. Manter as mentiras e contá-las para si próprio e para os outros não mudará sua situação.

Não adianta pintar o buraco de colorido, colocar quadros nas paredes, perfumar o ambiente. O que você precisa é sair dele. O buraco nunca deve se tornar seu lar.

Não ser autêntico consigo mesmo é um ato destrutivo. Não importa o momento que você esteja vivendo, se você reconhece que não está bem, é melhor traçar um plano de ação que vá restabelecer seu horizonte.

Para melhorar, é necessário um exame verdadeiro de consciência, sobrepujando qualquer mentira e deixando de lado as situações maquiadas. Fazer autorreflexões, durante toda a minha trajetória, foi importante para auxiliar a minha evolução. Quanto mais nos conhecemos, mais longe temos capacidade de chegar.

Faço o convite para que, neste instante, você pegue um caderno ou abra um arquivo no computador e responda com a máxima sinceridade às questões a seguir:

Quais são meus pontos fortes? Quais coisas faço bem? Para quais coisas as pessoas costumam me pedir ajuda?	**Quais são meus pontos fracos? Quais coisas preciso aprender para me desenvolver? Quais habilidades tenho que adquirir?**
Quais coisas eu faço e que me deixam bem?	**Quais coisas eu faço e que não me deixam bem?**

O profundo conhecimento de quem somos e de quem não somos é o que pode transformar nossa vida. Ao listar suas respostas, não exagere. Lembre-se de que está fazendo essa atividade para você, então não precisa mentir ou inventar ser bom em algo que não é.

Também não deixe a baixa autoestima te afetar com pensamentos do tipo "eu não sou bom em nada" ou "eu não preciso de mais nada". Reflita de forma autêntica. Com certeza, existem muitas coisas que você aprendeu a fazer e habilidades que desenvolveu ao longo da jornada e que solidificaram seus pontos fortes.

Por exemplo, se você sabe mexer bem em um software ou em uma rede social, pode ter certeza de que existem milhões de pessoas que ignoram esses conhecimentos, então esse pode ser um ponto forte. Se durante sua vida aprendeu a ouvir com interesse as pessoas, saiba que muita gente não tem (ou consegue ter) essa habilidade. Na verdade, a maioria é péssima ouvinte, preocupando-se mais em falar que em escutar; logo, essa é uma tremenda potência que pode estar aí dentro de você.

Existe uma cultura difundida de que humildade é não reconhecer seus pontos fortes, associando esse comportamento erroneamente com a baixa autoestima. Humildade vem da palavra "*humus*", que significa terra; portanto, o ser humano humilde é aquele que mantém seus pés no chão.

Manter os pés no chão também simboliza autenticidade. O humilde sabe do que ele é capaz e do que não é capaz. Ele não nega suas forças; não cai no vitimismo. Também não se acha a pessoa mais inteligente e poderosa do mundo. Ele reconhece suas fraquezas e o que precisa aprimorar.

Quando você começar a mapear seus pontos fortes, vai perceber que eles podem te auxiliar a encontrar seu Ikigai, delineado anteriormente. Em geral, nossos pontos fortes estão relacionados às coisas que fazemos bem, que amamos fazer e, muitas vezes, com as quais ganhamos dinheiro.

Se encontrar nossos pontos fortes pode ser difícil, o que dizer sobre responder com sinceridade sobre nossas fraquezas? Esta não será, nem de longe, a sua missão mais fácil. É comum termos vergonha de expor nossas fragilidades, nossos erros, mas, se você não os identifica ou não comenta com os outros sobre isso, buscar pessoas que lhe ajudam a se tornar forte de verdade pode ser complexo, e manterá você estagnado por muitos anos.

Quando um fardo se mostra pesado, ele serve para nos fortalecer. Quando tomamos a decisão de nos fortalecer, suportamos não somente esse novo peso, mas vemos que os anteriores, que pareciam tão difíceis, agora não nos afetam mais, porque nos tornamos mais consistentes e autossuficientes para lidar com eles.

Lembro-me que houve uma época na qual o crescimento da minha empresa foi expoente, e eu precisava crescer junto, para suportar o tamanho dos desafios. Aumentar uma produção, por exemplo, demanda mais recursos, mais investimentos. A responsabilidade se torna maior. Nessa época empresarial de turbulências, contratei consultores externos para me ajudarem. Eles fortaleceram minha visão sobre liderança, me ensinaram a cumprir melhor as minhas tarefas já aliadas à minha experiência de gestão. Como não construímos negócios sozinhos, quanto melhor líder eu me tornei, melhor e mais estruturada a empresa se tornou.

Recordo-me, como se fosse ontem, de quando mudamos a matriz da nossa empresa para uma sede maior e que oferecia mais conforto aos funcionários. Nosso número de colaboradores também aumentou nessa época; a empresa tinha um grande pátio que servia como estacionamento para eles.

Na reunião geral no começo de ano, ao chegar ao pátio da empresa para palestrar para os funcionários, não encontrei lugar para estacionar, com tantos carros que estavam ali.

Como nossa cultura empresarial sempre foi a de acreditar muito nas pessoas, nesse dia eu enchi meu coração de alegria ao reconhecer que não era apenas a empresa que estava crescendo, mas também os funcionários cresciam com ela. Evoluíram financeiramente, para conseguir desfrutar de mais conforto e adquirir aquilo que desejavam.

A prosperidade de um líder acontece quando este vê que os funcionários, que são parte da empresa, também prosperam. Crescer profissionalmente não é uma via de mão única, afinal, como dizia meu lema, "Uma andorinha só não faz verão", certo?

Liderar é a missão de tirar o melhor de dentro de cada um.

A liderança não começa quando formamos uma equipe: ela se inicia quando alguém exerce o ato de liderar a si mesmo e serve de exemplo para outras pessoas. Liderar é direcionar o futuro, é se cobrar quando tiver que se cobrar, é extrair o melhor de si mesmo. A isso, chamamos de autoliderança.

A autoliderança obriga você a traçar estratégias de mudança em razão de decisões próprias. Por mais que os desafios pareçam enormes, é preciso seguir em frente com seus planos.

Liderar a si mesmo é mais difícil do que liderar outras pessoas, e essa deve ser a chave do sucesso dos grandes líderes. Qualquer um com um cargo de liderança pode dar ordens aos seus comandados sobre o que eles têm que fazer, mas poucos conseguem ter a disciplina para realizar e mostrar o que precisa ser feito, mesmo em condições adversas.

O verdadeiro líder não é aquele que manda alguém fazer algo por ele: é o que domina seus próprios medos e fraquezas, age em prol de se consertar e serve de exemplo para os demais. Quem aprende a liderar a si mesmo vai sempre impor a sua vontade de conquista, mesmo sobre as situações adversas. Portanto, as pessoas que se comprometem a se autoliderar estão, consequentemente, prontas para se tornar bons líderes dentro da empresa.

Você precisa ter conhecimento sobre os desafios que o cercam e ser assertivo em suas escolhas — tanto as que podem agradar quanto as que não podem. Esses dilemas devem ser refinados, para que a decisão que você precise tomar seja a melhor possível.

Reconheço que encontrar a melhor solução não é tão fácil. Mas, primeiro, pense em você; depois, nos demais. Antes de tudo, seja verdadeiro consigo, com seus valores, pilares e conhecimento, e tenha certeza de que suas ações se refletirão em quem necessita delas, como sua equipe ou familiares e amigos.

O problema reside nas decisões que nos trazem infelicidades, mas, ainda assim, é o melhor a ser feito. Poderíamos excluí-las de nossa trajetória apenas para agradar os outros. Mas, se isso se torna frequente, estaremos fugindo da nossa melhor autenticidade, deixando a autoliderança de lado e vivendo apenas uma vida de enganos. E eu tenho certeza de que isso não é o que você deseja.

CAPÍTULO 7

Quem não se ajuda não é ajudado

Sucesso não cai do céu. A primeira mão que pode te ajudar é a mão que fica no final do seu braço. Por mais forte, inteligente e esperto que um ser humano possa ser, se não assumir um compromisso de evolução consigo mesmo, nada mais poderá auxiliá-lo.

Quando temos um distúrbio de saúde, o procedimento correto é buscar orientação médica. O doutor vai recomendar exames para identificar o problema e, então, prescrever o melhor tratamento, que normalmente envolve, além de medicação, uma mudança nos nossos hábitos.

Se um problema de saúde não se originou por acidente ou ainda no nascimento, o mais provável é que tenha se desenvolvido devido aos maus hábitos que conservamos. Com a quantidade de informação que temos disponível hoje, deveríamos entender quais são os comportamentos saudáveis e quais são os prejudiciais à nossa saúde, mas, mesmo assim, continuamos a praticar os prejudiciais, não é mesmo?

Esses hábitos geram um problema e acabam por nos levar ao médico ou àqueles que praticam a medicina preventiva, quando uma alteração é detectada antes de se tornar algo mais grave. Pode ser um nível de colesterol elevado, um triglicéride acima da média ou qualquer outro sinal de alerta que os exames apontem.

Por consequência, a preocupação com a nossa situação de saúde atual aumenta de imediato. O médico sabe disso e, atenciosamente, vai fazer a recomendação de que, além dos remédios, é preciso mudar algumas atitudes para que o problema não se agrave no futuro.

A parte do médico é diagnosticar e orientar o que precisa ser feito; ele não pode fazer nada além disso. Se não estamos dispostos a nos ajudar, falharemos em busca da cura.

Dessa mesma forma, é preciso que sejamos os primeiros a procurar por tudo aquilo que desejamos. Mas isso não significa que você deva se manter sozinho ou solitário. Uma boa prática é conversar com os amigos e parentes sobre os nossos desejos. É como se estivéssemos dizendo para nós mesmos. Também é preciso buscar conselhos de pessoas mais experientes em determinado assunto. Nunca as veja como "ultrapassadas", ou nunca considere que você já tem conhecimento suficiente para lidar com algo. Eu mesma aprendo uma coisa nova a cada dia, independentemente de o outro ser mais novo ou mais velho do que eu. Se almejamos o sucesso, devemos ter a humildade de compreender que essas pessoas mais experientes podem agregar valor a muitos pontos com seus conhecimentos. Apenas identifique e filtre o que realmente pode ou não descartar desses conselhos, mas sempre com sabedoria.

Você deve estar pensando: "Ok, mas e quando encontramos aquela pessoa que diz saber de tudo?".

Conta uma história italiana que Apeles, um pintor da corte de Alexandre Magno (século IV a.C.), ao terminar cada obra, colocava suas artes em exposição do lado de fora de seu ateliê e se mantinha disfarçado, observando o que diziam os transeuntes sobre o seu quadro. Um dia, um sapateiro que passava pela rua notou um erro nas sandálias que calçavam os pés da pintura. Apeles, com humildade, escutou o comentário e corrigiu o próprio trabalho.

No dia seguinte, o mesmo sapateiro passou em frente ao ateliê e, ao perceber que sua sugestão tinha sido acatada, deu-se por criticar a obra como um todo, citando coisas das quais notadamente não tinha conhecimento. Nisso, o pintor apareceu e elegantemente exclamou: "*Ne sutor ultra crepidam*" ("Não vá o sapateiro além das sandálias").

Esse provérbio em latim tornou-se conhecido para expressar que devemos ter cuidado ao escutar opiniões sobre algo que não faz parte do domínio da outra pessoa. É o famoso "pitaco" que ouvimos por aí. Vivemos um momento histórico em que todos querem opinar sobre determinado assunto: sabedores complexos por natureza.

As pessoas se julgam especialistas em tudo, pois o fácil acesso à informação as ilude a respeito das fronteiras de seus conhecimentos. Essa ilusão é inimiga da evolução.

Moderação é bom para todos?

Quem se mantém sempre em movimento, aprendendo,

inovando e trabalhando, sofre menos com impactos. Mas você não precisa "correr" na vida; você precisa se manter sempre em uma velocidade constante.

Um dos males que sofremos hoje em dia é o fato de que as pessoas vivem apressadas, querendo resolver tudo a qualquer modo, porque esse mundo ultraconectado em que estamos age dessa forma naturalmente.

A vida não é assim. Quando você planta uma semente, existe o tempo natural para ela germinar. É como a natureza age, e é assim que você também precisa agir, com serenidade e conveniência. É claro que não me refiro às circunstâncias maiores, como doenças ou quando se deve dar atenção explícita a um problema de família. Em todo assunto, existe a prioridade.

Sua obrigação é plantar em uma boa terra e regar sempre que precisar. Mas não há como prever o processo da natureza. Se molhar demais, achando que assim a semente vai nascer antes do tempo, o que vai acontecer é a morte prematura da planta.

Conhecer o ritmo das coisas é muito importante. Lemos em Eclesiastes 3:1: "Tudo tem o seu tempo determinado, e há tempo para todo o propósito debaixo do céu".

A vida também é sobre aprender o tempo das coisas. É necessário equilíbrio. Não podemos ser rápidos demais, ou a afobação nos fará perder a sensatez. Também não podemos ser lentos demais, ou não aproveitaremos chances e deixaremos de ser produtivos.

Pausas são essenciais; elas vão regenerar seu corpo e sua mente, e assim você terá mais condições de realizar seus propósitos. Quando você privilegia sua saúde física e mental, está se ajudando a chegar mais longe.

Ajudar-se é também ter essas pausas para estar com pessoas importantes para você e fazer atividades que lhe relaxam. A moderação entre vida familiar, lazer e profissão costuma gerar melhores estados emocionais. Quando estamos emocionalmente bem, desempenhamos melhor as nossas tarefas.

Eu consegui aprender mais sobre esse equilíbrio de uma forma bem curiosa. Uma psicóloga me ensinou a "prática das duas sacolas" e me incentivou a fazê-la. O conceito consiste em separar as tarefas familiares das tarefas do trabalho. Quando chegava ao trabalho, costumava deixar tudo que se referia à casa em uma sacola, e buscar a "sacola do trabalho". O mesmo acontecia quando retornava para casa.

Os pertences do meu trabalho viviam separados dos pertences do meu lar.

Na vida, temos tendência a misturar demais. Quando uma área não está como gostaríamos, tomamos atitudes em relação a ela que prejudicam outras áreas. Em lugar de focar a resolução do problema no ponto em que ele está, nós o ampliamos para todo o resto. Com isso, nossa mente se confunde e termina por não conseguir solucionar nem uma coisa, nem outra. Ou, quando resolve, estamos apenas mascarando uma saída com a ajuda de algo que não diz respeito a ela.

Não espere sentado. Faça por merecer.

O principal ativo de uma empresa são as pessoas que nela trabalham. Um bom time tem funcionários engajados com o sucesso da empresa, realizando tarefas em prol da prosperidade. O resultado junto aos clientes é o que determina se os projetos foram bem-executados ou não.

No início da década passada, buscávamos uma forma de agradecer aos nossos clientes pelo ano que se passou. Pensamos em algumas ideias, até que um funcionário do setor de Recursos Humanos sugeriu que participássemos de uma feira chamada Couromoda.

Inicialmente, meu filho e sócio não apoiou a ideia. A primeira negação foi a de sempre: “Imagine quanto vamos gastar com isso”. Mas, quando uma ideia é boa e você sabe que ajudará a muitas pessoas, torna-se fácil conquistar apoio.

Apesar da negação, que argumentava para não investirmos em um projeto desse porte, logo me surgiu uma saída: sugeri que nossos fornecedores poderiam ser os nossos “patrocinadores” nesse evento, mostrando a eles o quanto seria benéfico para todos expor os produtos.

Eu mesma me ofereci para entrar em contato com os fornecedores. Minha prontidão em agir serviu de exemplo para meu filho, que também começou a contatá-los. A participação de todos na feira foi um grande sucesso. Por anos, ajudou a fortalecer os laços que já tínhamos com esses fornecedores e a nos trazer novos clientes.

A história de como essa feira aconteceu demonstra a importância de não desistir de algo antes de tentar. É preciso correr atrás para fazer acontecer. Não descarte logo as ideias que surgem, sem avaliar as reais possibilidades de concretizá-las.

O mundo está em constante fluxo. Mesmo quando você fica parado, ele continua se movimentando; as pessoas continuam agindo. Se todos estiverem andando com ele, e você não, fica óbvio imaginar o que pode lhe acontecer, não é? Provavelmente uma grande defasagem, talvez uma distância que você não vai conseguir diminuir mais, em nenhum tempo. Ainda existirão aqueles que estavam atrás de você e que o ultrapassarão. Por isso, liderança e inovação são palavras-chave que você precisa carregar no bolso.

Por ter começado há muito tempo e ter gerenciado desde negócios mais simples aos mais complexos, já encontrei líderes que perderam facilmente o rumo por não quererem se atualizar em determinado momento — ou em nenhum outro, para falar a verdade.

Para se ajudar, é preciso trabalhar na mesma direção dos seus objetivos. O filme *Todo-Poderoso* apresenta uma conversa entre o protagonista Bruce, interpretado por Jim Carrey, e Deus, por Morgan Freeman. Deus fala para Bruce: "As pessoas querem que eu faça tudo por elas, mas não se dão conta de que elas têm o poder. Você quer um milagre, filho? Seja o milagre".

Em seguida, o personagem de Deus avisa a Bruce: "O problema de todo mundo é esperar que caia do céu".

E você, neste momento da sua vida, está fazendo o que é preciso para alcançar suas metas? Ou está esperando "cair do céu"?

As pessoas esperam que as condições estejam sempre adequadas para começarem a realizar algo novo. A verdade é que essas fases nunca estão cem por cento favoráveis. Não espere prever todo o caminho antes de começar sua trilha.

Já vi empresários comentarem com muita lucidez que preferem abrir negócios quando o mercado está em baixa, pois, se acontecer uma nova crise, já estarão experientes demais para saber como superá-la.

O caminho se mostra justamente quando começamos a andar por ele. É durante esse movimento que nos deparamos com obstáculos, mas também com pessoas que estão no mesmo processo, e dispostas a ajudar. Portanto, a solução que você busca está sempre no caminho que você percorre, não fora dele.

Siga em frente. Seu "eu do futuro" estará ali, em algum lugar, para ajudar você em suas conquistas.

O "eu do futuro" nada mais é do que a própria pessoa transformada. É você mais forte, bondoso, inteligente, resiliente e generoso.

Esse "eu do futuro" só existe porque decidimos, em algum momento, enfrentar nossos "monstros", ou seja, lidar com nossos pontos fracos e continuar em frente, sempre absorvendo conhecimento e tomando decisões que nos parecem ser as mais viáveis. Não devemos negar a nós essa oportunidade de atingir nossa melhor versão.

O ponto de partida é exatamente onde você está agora. Inicie pequeno, comece com o que tem à disposição; com o tempo, vá melhorando, de forma paciente, mas também constante e ininterrupta.

Se você se lembra, escrevi que, quando me casei, aos quinze anos, não estava preparada para ser uma dona do lar. Quando virei empresária do ramo de plásticos, também não me sentia igualmente preparada. Apesar de parte da minha família ter trabalhado em uma loja de sapatos e eu ter me visto dentro daquele sistema, ser lojista era uma experiência intrigante na minha vida, e tudo que eu queria fazer era conquistar destaque no comércio local.

Também não me sentia uma mulher preparada quando minha primeira filha nasceu. Tudo que aprendi foi que trabalho duro, foco na melhoria contínua e aprendizado nas áreas em que não tinha conhecimento nos aparelham para superar obstáculos diários.

Aprendi também que primeiro precisamos ser, para depois passar a ter. Infelizmente, o que muitos fazem nos dias de hoje é a inversão desses valores.

As pessoas acham que é preciso ter muito dinheiro para começar a empreender, ou então, quando iniciam um pequeno negócio, desejam que rapidamente se tornem grandes empresários ou empresárias. Ou então terminam a faculdade e buscam um emprego que lhes pague dezenas de milhares de reais.

A humanidade quer fama, dinheiro e reconhecimento veloz, sem antes ter feito algo merecedor para que lhes paguem por isso; sem antes conquistar. Reconhecimento, fama ou estabilidade financeira surgem quando você está fazendo um trabalho merecedor dessas recompensas.

O grande recado deste capítulo para você, que almeja o sucesso (e isso é bem normal), é não colocar a ansiedade antes do objetivo. Preocupe-se em fazer o seu trabalho da melhor forma possível, porque a evolução e o reconhecimento chegam com o avanço. E, quando falo sobre reconhecimento, não me refiro àquele tapinha no ombro ou ao elogio passageiro do seu chefe. Somos reconhecidos constantemente por nossa competência, nossos diferenciais e pelos resultados que propomos ou alcançamos. A expectativa sobre a parte financeira ou a fama só deve vir depois disso.

Mas a maior recompensa por realizar uma grande obra é deixar um legado ao mundo: algo que auxilie outras pessoas a serem melhores. Nossa busca pela melhoria contínua é um farol para outros navegantes dos mares da vida. Lembre-se de Mateus 7:16: "[...] por seus frutos, os conhecereis".

São os frutos de sabedoria, amor e trabalho que deixamos aos demais que dizem mais sobre nós do que qualquer palavra ou gesto. Quando estiver em dúvida sobre como realizar um trabalho merecedor, pense em alguém que inspira você e se pergunte: "Como essa pessoa realizaria essa tarefa?".

Dê o seu melhor em tudo que fizer, por mais que seja rotineiro ou algo que entedie. Às vezes, é o que se tem no momento, e que pode fazer a diferença lá adiante.

Não aceite que existem trabalhos grandes e trabalhos pequenos. Tudo que fazemos é o que deixamos para as pessoas, e por isso é grandioso, pois ajudamos aos demais com nossos feitos. Existem, sim, trabalhos mais complexos e outros mais simples. Alguns de curta duração, outros que levam mais tempo para ser concluídos.

Não devemos nos embriagar, seduzidos pela vontade de realizar as tarefas de extrema complexidade e ignorar as mais fáceis. O que nos faz merecedores desses trabalhos intricados é justamente realizar o simples com qualidade e dedicação. Portanto, se você costuma executar tarefas rotineiras de forma automática e sem prazer, estará negligenciando as tarefas e a si mesmo, e comunicando ao mundo que não é uma pessoa preparada para os trabalhos mais difíceis.

É o seu dia a dia que conta.

CAPÍTULO 8

O poder da nossa crença em algo maior

Tive a oportunidade, durante a minha vida, de estudar e refletir bastante sobre a fé que tenho em algo maior, e como isso me ajudou a moldar a forma como interpreto o mundo, me relaciono com as pessoas e com as ações que me dizem respeito, promovendo um processo de solidificação em minha trajetória terrena.

Estamos aqui para evoluir. Não nascemos perfeitos, não crescemos perfeitos, não atingiremos a perfeição, e muitas vezes agimos como arrogantes ou vaidosos, ou nos colocamos acima de outras pessoas. Aqui não se trata de uma evolução material, mas espiritual.

De nada adianta evoluirmos economicamente, porém não melhorarmos como seres humanos, sendo que essa é a nossa principal missão na Terra. Temos a oportunidade de evoluir nosso estado de consciência da ignorância para a sabedoria com a ajuda da fé ou da crença. "Fé" pode ter uma definição complexa, muitas validações (especialmente a depender de cada religião), mas a forma mais simplória como posso defini-la é: ela designa o fato de ter confiança ou acreditar em algo ou alguém.

Compreendo que devemos acumular bens durante nossa

vida, mas isso não pode trazer desafetos ou frustrações para os outros e para si. Você não precisa de tudo que acumula, nem ficar demonstrando isso pra os outros. Mesmo o ser humano mais simples é capaz de compartilhar. Melhorar como pessoa é buscar ser alguém que pratica mais caridade, que é mais generoso, mais bondoso; alguém que se importa com a dor da humanidade e faz algo para ajudar o próximo. "Caridade" não significa apenas ceder um bem ou dinheiro; é um ato de caridade dar aquilo que temos de mais valioso: nosso amor, atenção, respeito ou uma palavra amiga para aqueles que necessitam de consolo.

Há pessoas que têm boas condições financeiras e que não precisam receber ajuda material. Isso não fará nenhuma diferença para elas. Porém, podem estar precisando de apoio emocional ou psicológico. Até mesmo o fato de parar e escutar a dificuldade que a pessoa enfrenta naquele momento é uma forma de ajudar, é prática da caridade. Portanto, ainda que alguém tenha pouca condição financeira, pode ser caridoso, doando seu tempo e atenção para o semelhante.

Na prática da caridade, devemos entender o que podemos oferecer e do que os outros necessitam. Se nos sentimos muito fracos para oferecer isso, é preciso ter fé que algo ou alguém maior pode lhe dar a força necessária para transmitir o bem para o outro.

Ter fé é uma escolha. Cada qual terá que tomar essa decisão. Algumas pessoas têm fé na ciência; outras, na divindade. Qualquer que seja a sua aceitação, digo que, independentemente dela, só o fato de querer ajudar mostra que você tem fé. Não demanda provas materiais. É justamente acreditar naquilo que não tem evidência ou comprovação o que dá sentido especial a essa palavra, especialmente por não se esperar por algo em troca, além da evolução. É por isso que acredito que, com a fé, a ajuda ao próximo evolui o significado da existência de cada um.

A sua caridade não deve ser seletiva, não deve tomar juízo sobre as pessoas, ao auxiliá-las. Se o seu coração lhe diz para doar dinheiro para ajudar alguém a comer, não fique questionando como aquela pessoa vai utilizá-lo (se vai realmente gastá-lo com comida ou de qualquer outra forma). Você respondeu ao que seu coração sinalizou para fazer naquele instante, e esse é o gesto que importa. Você controla os seus atos, não como o mundo reage. Cada pessoa tem responsabilidade pelas próprias ações.

Não selecione ou discrimine pessoas para praticar atos de caridade. Nossa meta deve ser ajudar sem julgar, fazer o bem sem olhar a quem. Se um necessitado chega até nós, e está ao nosso alcance promover um bem a ele, que façamos isso de bom coração.

Tudo será melhor quando amarmos uns aos outros.

Se a fé atrai resultados, com certeza muitos deles acarretarão seu sucesso. Cada um atribui mais ou menos valor a algo na própria vida, e existem muitas formas de interpretar a consequência disso. Cada qual tem para si as coisas que lhe são valiosas. Mas um ponto crucial em nossa jornada é aprender que nosso sucesso não deve ser buscado através do prejuízo de outros seres humanos.

Quando colocamos nosso ego acima de tudo, atrapalhamos nosso processo evolutivo. O amor incondicional pelos outros é parte fundamental para a construção de uma sociedade mais justa e de um mundo mais pacífico.

Não vou professar nenhuma religião nesta obra; apenas falo sobre minha experiência com a espiritualidade e como ela me ajudou a moldar meu caminho, minhas ações e, consequentemente, meu sucesso pessoal e profissional. Acredito na pluralidade da vida e em nossa evolução através dos tempos.

Cada pessoa é única e tem um tipo de crença. Cada qual deve encontrar a porta que seu coração indica abrir. É importante que aquilo em que confiamos nos faça bem. As diferenças de crenças não devem ser maiores que nosso amor ao próximo.

Costumo dizer que confio em uma inteligência maior; essa inteligência nos rege. Ela nos dá respostas, mostra aberturas em nossos intentos. Todavia, muitas vezes não nos atentamos aos sinais que ela nos apresenta.

Em meio ao turbilhão da nossa mente barulhenta, achamos que estamos sozinhos ou somos solitários, mas isso não acontece. Essa força maior que nos acompanha, impulsionando nossos atos, deve prevalecer sobre as reflexões que guiam nossos corações.

Acreditar nessa força maior é também aprender a ser humilde e aceitar seus desígnios. Não temos que impor nossa vontade sobre uma inteligência superior; não devemos dizer a ela o que queremos, ou nos revoltar quando não conseguimos aquilo que esperamos dela.

Se alguém ou algo maior do que nós governa tudo, precisamos aceitar que essa força conhece o destino e o tempo mais do que a gente, ajudando o mundo a se organizar como precisa ser organizado. Nada acontece por acaso. Tudo tem uma razão.

É fato, para mim, que nada está separado no universo. Quando reflito sobre as coisas que aconteceram em minha vida, percebo como essas conexões se formaram. Esses sinais vêm da força superior que sigo me mostrando: "Corrija isso, vá por esse caminho ou mude de rota". Minha crença é o que possibilita reconhecê-los.

Enfrentando a pandemia

O ano de 2020 foi marcante na nossa história recente. Recordo-me de a minha mãe falar sobre a gripe espanhola e como essa doença afetou muitas famílias, matando milhares de pessoas. Sinceramente, eu não esperava viver um momento desses em vida.

Em 2019, eu já vinha de um processo de reabilitação devido à minha cirurgia no final do ano anterior. Havia ficado três meses internada e, depois, em tratamento domiciliar para recuperar os movimentos da perna e voltar a andar. Porém, tive uma refratura e precisei passar por uma nova cirurgia, pior do que a de antes. Só depois de alguns meses me vi em condições suficientes para me reerguer e caminhar sozinha.

Comecei o ano de 2020 com uma palestra para os funcionários da *Plásticos Ivone*, falando que seria o "ano da virada". A empresa comemorava cinquenta anos de existência, e eu não tinha maior felicidade do que a ver atingir esse jubileu, ainda que já não tocasse mais o negócio com meu filho. Só não imaginava que haveria tantas reviravoltas não apenas para mim, mas para o mundo inteiro. E o problema da pandemia não foi resolvido, estendendo-se até o ano seguinte.

O cenário, você conhece: necessidade de afastamento social para evitar o rápido contágio e, assim, preservar o máximo de vidas possível. Eu, com oitenta anos, sou parte do grupo de risco. Se fosse acometida pela doença, a probabilidade de morrer seria grande.

Posso dizer que não fiquei preocupada com meu estado de saúde; minha preocupação maior foi com o bem-estar dos meus familiares. A incerteza e a instabilidade da situação geraram em mim uma preocupação sobre como eles iriam reagir a tudo que acontecia.

Posso dizer que fiquei vulnerável durante a pandemia. A duração do meu tratamento já me afastava de muitas ações das quais gostava. Tinha minha locomoção reduzida e, consequentemente, minhas atividades ficaram limitadas. Tirar a capacidade de uma pessoa de realizar tarefas gera uma fase excruciante, de grande impacto emocional.

É nessas horas que minha crença em algo maior me ajudava a superar esses momentos.

Essa crença não deve ser uma fé cega — isso é muito importante reforçar. Não adianta pensar que algo vai agir a todo momento para salvar você dessas condições. Acreditar em uma força maior é apenas ter uma motivação a mais para continuar seguindo adiante.

Saber que há alguém olhando por nós, uma inteligência superior disposta a nos ajudar, é confortante. Mas ela precisa que sejamos as ferramentas que operam as possibilidades que existem no universo, ou de nada adiantará.

É preciso fazer as escolhas corretas e realizar tudo que está em nosso poder. Depois de várias cirurgias e dois anos de tratamento para voltar a andar, consegui finalmente me recuperar, em 2021. Essa recuperação não é fruto de nenhum milagre: é fruto do meu esforço em buscar, de todo o meu coração, a saúde de volta. Em casos como esse, eu acredito que, quando me esforço, essa força superior está me acompanhando. Ela me ajuda a encontrar respostas, me traz empenho quando estou debilitada, me traz uma motivação extra.

Sobre a pandemia, talvez o maior desafio da humanidade neste século, ela trouxe um período bastante crítico para a situação da população mundial. É um desses eventos em que podemos dizer que ninguém foi poupado. Aqui, no Brasil, milhares de famílias tiveram algum parente perdido por causa da doença. Milhares de comércios e indústrias fecharam as portas devido à perda de faturamento ocasionada pelo afastamento social. Com a queda no movimento econômico, agravou-se o índice de desemprego em nosso país, que, mesmo antes da proliferação da covid-19 e de suas variantes, já era elevado.

Foi um ano da virada não apenas para a *Plásticos Ivone*, e sim para todas as empresas. Todavia, com exceção de algumas, não foi uma virada exatamente como a que gostaríamos, mas uma que nos fez pensar e agir de forma diferente para viver as próximas décadas. Essa mudança na postura humana é necessária para nossa permanência e prosperidade como civilização.

Compreendo que, para muita gente, não aconteceu nada de positivo em relação à pandemia, e é natural que assim seja. Mas convido você a refletir sobre o que tratamos até aqui, para encarar essa nova fase de forma distinta, e juntos começarmos a construir algo diferente para o nosso futuro. Que ressignifiquemos o efeito da pandemia. E, quando digo ressignificar, quero dizer que não podemos mudar o que aconteceu: mortes, queda na economia, desemprego. Mas podemos gerar em nossa vida algo positivo em relação ao que é ruim.

Deveríamos estar acostumados com perdas ou com o que nos causa algum tipo de dor ou sofrimento, mas nunca estaremos. Isso traz a noção de negatividade para nós. Nessas horas, pense que extrair um aprendizado de uma situação como essa é muito melhor para você saber lidar com situações futuras.

Os momentos de aceitação e a fé são grandes aliados na construção dessa mentalidade resistente às perdas. Se acreditamos que uma inteligência maior guia a humanidade em seu processo de evolução, devemos aceitar os momentos críticos como uma forma dela de guiar nossos passos e mostrar-nos os procedimentos corretos.

Precisamos rever nossos antigos conceitos que ficaram de lado.

Se examinamos a humanidade como era antes da pandemia, percebemos como estávamos caminhando para uma vida cada vez mais egoísta, preocupados apenas com nossos interesses pessoais. "Empatia" era uma palavra que pouco se utilizava, mas que agora se torna cada vez mais comum. Vivíamos desconectados uns dos outros.

As famílias já não se reuniam tanto. É certo que a internet chegou e facilitou a conexão com pessoas distantes e amigos de infância, mas não estávamos mais presentes e verdadeiramente interessados pela vida das pessoas: resolvíamos tudo por mensagens disparadas pelo celular. Então veio o surto de covid-19 para abrir nossos olhos em relação às nossas atitudes. Entendemos como o mundo está conectado, como a ação de um ser humano afeta o próximo. A doença se espalhou, dizimando milhares de vidas, trazendo um sentimento de que poderíamos ter feito mais. E passamos a ver que, quando não podemos mais abraçar, beijar ou tomar um simples café com quem gostamos, refletimos sobre como ficar isolado é muito ruim.

Demorou um pouco, mas o mundo se uniu na busca por uma cura. A humanidade é maior que qualquer divisão de interesses, por isso é importante agirmos de forma colaborativa para sanar adversidades como essa.

Vamos dar abraços afetivos, falar olhando nos olhos, ouvir o que as pessoas estão sentindo e entender como podemos ajudá-las. Não precisamos continuar atribuindo valor apenas depois que perdemos algo. Vamos aproveitar as oportunidades diárias que nos são oferecidas para promover o bem e estarmos juntos de verdade.

No mundo empresarial, a pandemia forçou pessoas a se distanciarem, mas continuemos a trabalhar em prol do sucesso. Mesmo sem poder abrir as portas, sendo forçados a trabalhar à distância e comercializar produtos via internet. Quem já estava preparado se saiu melhor. Inclusive muitas empresas e profissionais obtiveram resultado financeiro gratificante nessa fase. As companhias e os profissionais que não se incluíam nesse eixo perceberam que há caminhos para se fortalecer novamente.

O último tema deste livro será a importância de inovar, de reinventar-se. Pessoas e empresas que cultivam essa prática têm mais possibilidade de sobreviver a momentos de crise, pois eles vão continuar acontecendo, e a inovação é a forma de dar a volta por cima rapidamente.

CAPÍTULO 9

Quantas ideias você deixou
de executar por não
fugir dos padrões?

Se eu fosse falar de um dos hábitos mais importantes que pratiquei e que serviram como guia para me levar ao sucesso, posso dizer que foi fugir dos padrões convencionais. Tenha em mente que, se você quiser algo diferente na sua vida, você precisa agir diferente.

A questão é que a nossa sociedade não incentiva esse tipo de prática. Na verdade, as pessoas desejam continuar repetindo tudo do mesmo jeito pelo máximo de tempo que conseguem. Mas essa não é uma exclusividade de poucos. É sabido que o ser humano é avesso às mudanças, por puro instinto.

A pessoa que age diferente é normalmente vista até com maus olhos pelos colegas de trabalho que não se motivam a mudar. O pensamento do coletivo quer sempre se sobrepor ao individual. Assim, ninguém procura novos desafios e, com isso, não precisa se arriscar ao pensar em novas soluções. É o comodismo.

Quando alguém com perfil inovador chega a ambientes contaminados pelo pensamento do "tem que fazer assim, porque sempre foi feito assim", choca-se contra essas pessoas, porque sabe que algo pode ser melhorado, e tenta colocar seu plano em prática de modo rápido. Logo, é natural que não seja bem-aceito por aqueles que pretendem continuar na inércia. E eles vão tentar convencê-lo a sustentar a forma de agir padronizada, já consagrada pela maioria, sem muita inovação.

Porém, são os inovadores que fazem a diferença no mundo. São essas pessoas que movimentam a roda da história.

Observe os objetos que estão à sua volta neste momento: tudo foi criado por gente que fugiu dos padrões estabelecidos pela sociedade.

Desde jovem, eu me questionava: "Por que vou seguir os padrões da sociedade se meus objetivos são diferentes da maioria?". Faça-se essa mesma pergunta. Você deseja os mesmos resultados que todos? Você está satisfeito com o que cerca você e com o que promoveu? Você enxerga que pode aperfeiçoar algo?

Se vê que há possibilidade de melhoria, se almeja algo melhor em seu coração, então, como continuar fazendo tudo igual?

Hoje o mundo se movimenta a uma velocidade muito maior do que na minha época de infância e juventude. Isso significa que os profissionais precisam reagir com ainda mais urgência diante das dificuldades atuais. Fugir dos padrões passa a ser um item de sobrevivência, não apenas de diferenciação dos concorrentes.

A pandemia mostrou que as empresas que estavam prontas para o mundo virtual não apenas enfrentaram a crise com menos dificuldades, mas cresceram enquanto os concorrentes fechavam as portas. E isso tem muito a ver com tecnologia.

Um bom exemplo é que, antigamente, você precisava ir ao banco para fazer a maioria das operações. Hoje, com alguns poucos cliques, é capaz de abrir uma conta bancária, realizar pagamentos, emitir boletos ou solicitar cartões de crédito e débito, tudo sem a necessidade de contato pessoal com um caixa ou um gerente. O mesmo acontece com escritórios de contabilidade. Já é possível contratar um contador on-line, que você nunca verá pessoalmente. Esqueça aqueles livros-caixa pesados, os maços de folhas de papel, as guias para pagamento se acumulando em cima da sua mesa, as notas fiscais... Tudo passa pelo digital, e a sustentabilidade também se beneficia com isso.

Aumento de produção é algo que demanda inovação. Lembro do meu pai, no fundo da loja, construindo sapatos de modo artesanal, em uma época na qual não se tinha recursos ou maquinários para um pequeno negociante operar direito. Com isso, a única saída era contratar mão de obra, e às vezes investia-se muito tempo ensinando essas pessoas, o que fazia com que ele e meus irmãos se ocupassem com todo o trabalho. Eu mesma, quando abri meu próprio negócio, precisei por várias vezes agir como um empregado, ou seja, acabava me tornando uma "mulher multitarefa". Isso é algo bem comum para o empresário iniciante, e não digo aqui que você não precisará fazer isso também. Mas, com o tempo, compreendi que tinha que me dedicar mais ao gerenciamento e à inovação do que ocupar o espaço de outro.

Fugir dos padrões é, sim, uma possibilidade, mas nem todos estão dispostos a pôr em prática essa forma de vida. Aqueles que apenas repetem procedimentos ao longo dos anos tornam-se desatualizados.

A diferença de hoje para o passado é que uma pessoa ou empresa demorava de dez a vinte anos para desatualizar uma profissão ou negócio. Com o impacto da tecnologia, empresas e profissionais que não inovam podem estar, em menos de dois anos, obsoletos no mercado de trabalho. Mesmo aqueles que não querem transformar são forçados a aceitar a mudança em algum momento.

Hoje, por mais que alguém goste de anotar com lápis e papel, à exceção de pouquíssimas ocupações, para trabalhar é preciso que você tenha o mínimo de domínio de informática.

Na *Plásticos Ivone*, busquei informatizar a empresa desde há muito tempo. Somos da época em que os nossos primeiros computadores ainda tinham o MS-DOS, um sistema operacional anterior à popularização do Windows.

Também fugimos do padrão, trazendo importações da China, o que permitiu diversificar nosso portfólio e conseguir melhores preços diante da concorrência, quando ainda se falava muito pouco sobre o país do outro continente. A nossa inovação se fez notória até na forma como mostramos o catálogo aos nossos clientes, utilizando o formato de coração em vez do tradicional formato retangular.

> Assuma a dianteira nas mudanças e comece você a criar propostas diferenciadas que podem revolucionar o mercado profissional.

É natural que no começo seja mais difícil, que as pessoas não queiram ouvir você ou implementar suas sugestões. Elas têm mais facilidade para criticar aquilo que desconhecem. Mas não se abata ou curve a cabeça diante de qualquer tipo de julgamento. Muitas críticas são direcionadas apenas a diminuir você, a impactar sua forma de pensar. Elas não valem seu esforço. Porém, entenda como diferenciar essas críticas. Existem aqueles que as fazem, mas apontam em que se deve melhorar, mesmo que não explanem boas ideias.

Uma inovação não dá certo da noite para o dia. São preciso testes, melhoria da estratégia e ajuste no que for preciso.

O importante é não se abater, mantendo-se resiliente diante de todas as barreiras que estão entre você e a inovação. Quanto mais aprendemos sobre algo, maior a chance de prosperar. Mas tenha paciência. Não faça nada com a mentalidade de que vai dar certo logo da primeira vez; faça com a mentalidade de construir com o tempo. Se o resultado acontecer mais rápido do que você espera, tudo bem.

De pouco em pouco, você melhora o que precisa e os frutos começam a ser colhidos. Quando eles surgem, isso se torna gratificante para você, que é inovador, e serve como um impulso, apontando que você está no caminho certo. Todo esse tempo em busca de fugir dos padrões também serve para você se lapidar enquanto ser humano.

Não adianta procurar culpados

Um dos grandes erros que atrapalham a vida é tentar achar alguém para culpar pelos seus problemas. Nas empresas, acontece corriqueiramente. Se um produto chega atrasado ao destino, se falta uma matéria-prima, se alguém faturou errado a mercadoria, a primeira coisa que as pessoas querem saber é: "Quem foi o responsável?".

Para o seu cliente, isso pouco importa. O que ele espera é a solução do caso dele. Logo, antes de começarmos uma "caça às bruxas", devemos organizar o foco, esquadrinhar resoluções em conjunto e pensar em implementar processos que evitem que os mesmos erros ressurjam. Deve-se desenvolver uma melhoria contínua focada em soluções e aprendizado.

É preciso abandonar essa cultura de buscar os culpados. Esse tipo de comportamento não transparece a responsabilidade que todos devemos ter para dissolver as mais difíceis situações do nosso caminho. Um gestor precisa assumir a responsabilidade pelos seus atos e os de seus dependentes. Um pai é responsável pelo seu filho até a maioridade deste, a própria justiça declara isso. O que vemos são pessoas que buscam alguém para culpar, porque não querem se comprometer com encontrar uma solução.

Na *Plásticos Ivone*, orientei que as lideranças não deveriam focar ensinar os funcionários apenas no que se referia a fazer sua função. Treinei meus líderes a ensinar às pessoas que estavam abaixo delas o porquê de fazerem o que faziam.

Quando uma pessoa compreende o real valor daquilo que executa, tudo muda. Seres humanos não são máquinas, cuja limitação é realizar uma tarefa programada. Um computador nunca pergunta por que ele precisa fazer algo; ele apenas realiza o que é indicado para executar. Nós, não.

Pessoas que apenas efetuam tarefas são menos comprometidas com o todo. Uma empresa não pode ser vista como apenas um departamento. Uma empresa é um organismo vivo que a todo momento troca informações internas e externas.

Em uma cadeia produtiva, funcionários que não entendem como o trabalho deles afeta todo esse organismo tendem a estender problemas para o departamento seguinte, que vai impactar o próximo, e assim por diante. Quando o caos está criado, essas pessoas se eximem da responsabilidade, afirmando que fizeram o certo, e o problema veio de outro lugar.

Para mudar isso, é necessário instruir os funcionários sobre a importância do trabalho deles, e mostrar como eles podem prejudicar a empresa se não fizerem minimamente bem-feito a sua tarefa ou não travarem o problema quando este chegar às suas mãos, deixando-o passar, para que o próximo setor o resolva.

Quando alguém compreende a importância do que faz, valoriza mais suas ações. Essa pessoa passa a assumir responsabilidades, e isso é capaz de evitar que uma empresa seja prejudicada no futuro. Mas não espere que o outro atinja esse entendimento sozinho. Se você é um líder, esteja ao lado dele para ensiná-lo, nem tanto para culpá-lo.

CONCLUSÃO

Vivi mais de vinte e nove mil dias até o momento em que escrevo estas palavras para você.

Houve fases de dores, cansaço e desânimo, mas também de alegria, revigoramento e paz no coração. Cada dia significa luta e suor derramado na busca pelo que consideramos ser importante, pelo cumprimento das nossas próprias metas, para auxiliar os que amamos e tentar criar um mundo um pouco melhor de habitar.

Não sei a situação em que você se encontra; não sei se passa por algum desafio maior do que entende ser capaz de suportar. Mas não desanime, pois tudo muda. Pode ser que a solução não surja do dia para a noite, como normalmente a nossa ansiedade supõe e nos exige, mas, depois que acontecer, parecerá, sim, que a sua adversidade foi momentânea.

Se o momento em que você se encontra agora é de prosperidade em todas as áreas da vida, esteja de parabéns. Mas lembre-se também de que corre o risco de vê-lo passar. Portanto, esteja preparado. Antecipe-se, estude, ressignifique. Os grandes inovadores não são aqueles que resolvem os problemas atuais, mas são os que se antecipam aos dilemas do futuro e começam hoje mesmo a construir soluções.

Como disse no início, as lições que propus a você através deste livro ensinam um pouco do que aprendi em oito décadas e como consegui viver melhor aplicando o meu conhecimento no dia a dia. Recomendo a você que confie em agir de forma inteligente, trabalhe sem prejudicar ninguém e acorde a cada manhã se esforçando para evoluir, pois um dia o ponto de virada chegará em sua vida. Um ponto em que o que você plantou proverá frutos.

Aqueles que se prepararam durante a tormenta serão os marinheiros mais aptos a navegar quando o céu se abrir e a tempestade passar.

A empresa que fundei, *Plásticos Ivone*, teve o orgulho de completar cinquenta anos de abertura em um país no qual setenta por cento das corporações fecham antes dos dez anos de operação. Foram muitos planos econômicos que enfrentamos, inflações, tropeços de mercado, gerenciamento de crises, sem contar os tantos desafios internos com os quais precisamos lidar. Mas, em nosso íntimo, por todo esse tempo, desistir foi algo que nunca chegou a ser cogitado.

Pessoalmente, ser mulher e empresária em todas essas décadas não foi tarefa fácil. As oportunidades no mercado nunca foram iguais para homens e mulheres. Recebi muita resistência, mas resisti também. Existem preconceitos diversos à nossa classe; se uma empreendedora não se sentir bem-preparada, sua liderança pode ser colocada em risco. Esse aviso vale também para todos que estão começando. Saiba que arrojo e pulso firme são qualidades disponíveis para qualquer gênero, classe ou idade.

Agradeço a cada um que segurou a minha mão e que me ajudou a chegar a esse instante em que posso olhar para trás e perceber que minha história de vida é completa. Hoje, aposentada, vivo o presente um pouco mais tranquila, mas continuo com a minha veia inovadora, e foi por causa dela que decidi escrever um livro aos oitenta anos de idade, porque nunca é tarde para começar. Assim como me enveredo cada vez mais pelas redes sociais, descobrindo novas possibilidades de repassar as minhas humildes palavras aos que desejam ouvi-las.

E se há um último conselho que uma jovem senhora pode lhe dar, que seja: a vida que você recebeu divinamente é o seu maior bem. Aproveite cada segundo.

Conheça as redes sociais da autora:

Instagram

@caminhosdosucesso_ivonelopes

Facebook

facebook.com/caminhosdosucessoporivonelopes/

YouTube

Ivone Lopes Caminhos do Sucesso